小而美

新零售爆品法则

SMALL IS BEAUTIFUL

袁亮◎著

SPM
南方出版传媒
广东经济出版社
—广州—

图书在版编目（CIP）数据

小而美：新零售爆品法则/袁亮著．—广州：广东经济出版社，2018.9

ISBN 978－7－5454－6345－3

Ⅰ．①小…　Ⅱ．①袁…Ⅲ．①企业管理－市场营销学Ⅳ．①F274

中国版本图书馆 CIP 数据核字（2018）第 092769 号

出 版 人：李　鹏
责任编辑：蒋先润
责任技编：许伟斌
封面设计：回归线

小而美：新零售爆品法则
Xiao Er Mei：Xin Lingshou Baopin Faze

出版发行	广东经济出版社（广州市环市东路水荫路 11 号 11～12 楼）
经销	全国新华书店
印刷	广东新华印刷有限公司 （广东省佛山市南海区盐步河东中心路）
开本	730 毫米×1020 毫米　1/16
印张	16.75
字数	247 000 字
版次	2018 年 9 月第 1 版
印次	2018 年 9 月第 1 次
印数	1～5 000 册
书号	ISBN 978－7－5454－6345－3
定价	45.00 元

如发现印装质量问题，影响阅读，请与承印厂联系调换。
发行部地址：广州市环市东路水荫路 11 号 11 楼
电话：（020）37601950　邮政编码：510075
邮购地址：广州市环市东路水荫路 11 号 11 楼
电话：（020）37601980　营销网址：**http://www.gebook.com**
广东经济出版社新浪官方微博：**http://e.weibo.com/gebook**
广东经济出版社常年法律顾问：何剑桥律师

序 言

小而美，得客户，得天下

在没有正式阅读这本书之前，无论传统零售业，还是新时代新商业，任何一个企业的产品经理在产品出品之前，都想着要“爆”。

这些年来，我们看到有很多同类产品明明差别不大，但就是有的产品火了，有的产品却无人问津。这是为什么呢？

从软件行业到互联网行业，从线上到线下，很多的产品经理都在拼命地尝试应该做什么样的产品，来满足这个时代的需求，以获得市场的青睐。对于这个问题，我很开心能有机会在这里跟大家一起探讨。

我还记得那是4年前的一个傍晚，我和公司两个同事在去杭州出差的路上，准备找一家餐厅就餐，走着走着，发现有一家小餐馆门口排起了一字长龙。这家店从外观上看跟以往我所见过的大排档没什么不同，我很好奇，于是问路人这家店为什么这么火？路人回答说：“这家小店在这一带很有名，总是有人排队。其实也没啥，就一道招牌菜，做得非常地道，而且价格很实惠。”

听到这里我突然有所触动：到餐厅吃饭，口味是一种极其主观的感受，而消费者也有自己的选择，更重要的是在既没有服务生，也没有豪华装修的情况下，就是一家看起来十分普通的路边小店，生意却异常火爆，这到底是为什么呢？

我们一行3人，从点单开始足足等了这道招牌菜40多分钟，当然这道菜也是市面上很常见的——鱼！单价5元，我们3个人吃了差不多200条。哇，真的是太好吃了！到如今都还记得吃鱼的那一刻。那时我才明白为什么会有这么多人都愿意排队来这家店。

在这个信息时代，那些无法脱颖而出的产品，很多并不是产品本身不好，而是因为做得还不够极致！

我想如果我们每个企业都像这家小餐馆那样，有一道招牌好菜，让客户都喜欢吃，让客户都愿意到门口来排队，吃完了还愿意再来，更重要的是让客户愿意广而告之，帮你做免费的广告宣传：告诉朋友这家非来不可，那么企业还愁没有发展前景吗？

在本书里，举了很多打造爆品和打造新零售的案例，其实讲的就是这个“招牌菜吃遍天”的故事。在很多时候，如果你比竞争对手再多一些极致，在最后市场竞争的结果中，你就可以甩开他们很多。

拿出最好的产品，定出最低的价格。产品性能要不打折扣，竭尽所能做到最好。定价的标准绝不是比别人更低，而是根本不考虑任何竞争对手，先预测自己能做到的销量，再核算成本。说到底，就是不给自己留后路！

一家企业应胸怀天下，时刻想着为这个社会创造优质的产品，为繁荣社会经济贡献一分力量；为客户创造最大的价值，为客户创造更高品质的生活。如此，企业的价值才可得以实现，企业的业绩才能快速爆破，从而实现多赢的局面！

客户的需求是多样性的，市场的变化也是多样性的，一个愿意改变自己的企业才会有希望，一个愿意颠覆自己商业模式的企业才会有未来。而这本书，能给您更多一些关于新零售的认知。

“自杀重生，他杀淘汰。”张瑞敏曾这样说。我从 2012 年创业至今，也是在不断颠覆自己的固有思维，颠覆原有的商业模式，更重要的是站在客户的思维角度，心怀对客户的敬畏，对产品进行打磨！这是一个变革的时代，变革就会有希望，就会有生机！

是的，在当今的互联网时代，要想成功，必须要做出小而美的爆品，有引爆市场的产品和策略。一壶水你哪怕烧到 99°C，也没啥用。唯有沸腾之后，才有质的飞跃。

所谓“小而美新零售爆品法则”，就是找准客户的需求点，直接切入，做出足够好的产品，集中所有的精力和资源，在这一款产品上做突破。这也就是我们讲的单点突破，互联网产品最核心的打法就是单点突破，当然，当下最流行的产品打法也都是单点突破！

其实，曾经多次，我在全国各地与企业家在论坛上讨论时也好，或单独做讲座时也好，还是私下我与企业家们一起头脑风暴时也罢，我现在讲得更多的是：能否持续地做出让客户尖叫的产品？只要客户还在对我们的产品保持尖叫、保持兴奋，我相信销售数字、产品利润都会水到渠成。

我常说这两句话：“一个人的尊严从吃饱肚子开始！”“一家企业的尊严从收到现金开始！”今天，新零售收现金是“以用户为中心”，就是说：“别想别的，先把产品做好！”做成大家都想要的小而美的产品，新零售法则更是如此。

新零售新场景马上也将带来新的革命，用小而美打造的新零售爆品时代就在眼前。纵观古今，成就大业者皆“得人心者得天下”，在新的时代，我想说“得客户心者得天下”！

本书作者：

目 录

第七章　抢占流量入口

第八章　精准营销：从“小而美”到“小而精准”

第九章　新零售的前台系统与后台系统

第一章

零售新物种

一、零售新物种

2009年1月，京东商城获得来自今日资本、雄牛资本以及梁伯韬（亚洲著名投资银行家）私人公司的第二笔投资，共计2100万美元，拿到融资的刘强东开始物色新的“零售+物流”方面的人才。

在上海国有企业“可的”便利店长期担任物流部资深经理的侯毅，由于精通传统零售业物流且具有难得的互联网思维，因此被刘强东挖去出任京东物流首席战略规划师，主要负责京东自营物流工程“亚洲一号”项目的督建。

2013年，侯毅在京东的工作重心转移到了O2O项目上，但一直未取得实质性进展。一年后，侯毅的物流首席战略规划师一职被原“今夜酒店特价”CEO邓天卓替代，侯毅又回到自己熟悉的领域专注于“亚洲一号”项目的建设和升级。

2014年底，在相关职务被替代、实际权力被架空后，侯毅从京东离职。

在零售行业摸爬滚打近30年的侯毅回到上海，自感仍有未尽之事业，包括之前在京东推进O2O（主要是京东到家）工作上的不尽人意，侯毅内心深处独自创业的念头越发强烈，考虑到当时生鲜电商领域的固有痛点：高损耗、高冷链物流成本、非标准化、品类不够齐全，无法满足消费者对生鲜产品的即时性需求。侯毅旨在解决生鲜电商痛点的创业构想引起了阿里巴巴集团CEO张勇的浓厚兴趣，两人经过数次深入沟通，完成了对新零售项目的顶层设计——打造“生鲜超市+餐饮+物流”的零售新业态，实现线上（做交易）、线下（做体验）充分融合，以优质体验占领消费者心智，形成消费黏性。

在阿里巴巴的支持下，2015年3月，盒马鲜生的初创团队正式成立，张勇代表阿里巴巴提出了四个目标：

第一，线上订单量要多于线下；

第二，单店日均线上订单需超过5000；

第三，盒马鲜生的APP需自给自足，不需流量支持；

第四，在成本可控前提下实现对目标范围内客户订单的30分钟送达。

盒马鲜生的创始团队也提出了新零售项目的五个落地标准（见图1-1），由于线上线下一体化的新零售体系涉及物流WMS（仓库管理系统）及配送、ERP（企业资源计划）和财务、门店POS、APP、会员、支付及新媒体营销等诸多子领域工作，为充分实现“超市、餐饮、物流”的融合，盒马团队进行了长久的探索和周密的筹备。

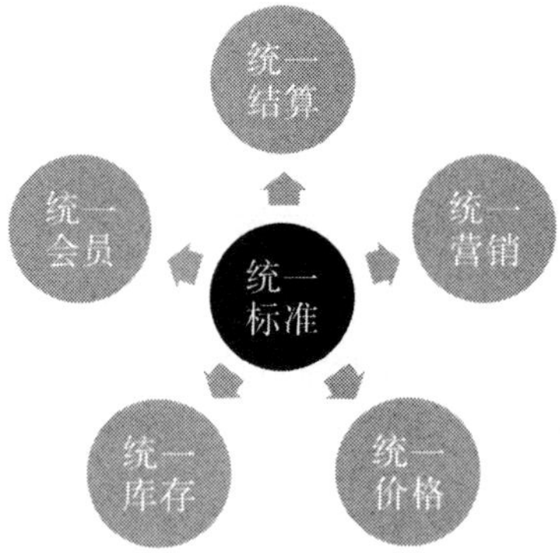

图1-1　新零售落地的五个标准

2016年1月15日，盒马鲜生的第一家门店——上海金桥国际广场店正式开门营业，盒马鲜生的APP也同步上线。

这家店设计了30%~40%的餐饮体验区，可以生熟联动，顾客可以一边通过APP选购生鲜产品，一边品尝店里现行烹制的牛排。它表面上看上去是门店，但店面之后还有一个物流配送中心，用来支持线上的销售，可将订单在30分钟内送达3公里范围内的用户，确保生鲜产品的新鲜。

盒马鲜生看上去既不像超市，不像便利店，不是餐饮店，也不像菜市场，但又同时有四者的影子，业内很多人说盒马鲜生是跨界经营的“四不像业态”。从物理层面看，这是一家典型的线下门店，但又处处透露着强烈的互联网基因。

开业当天，金桥店迎来5000余名顾客，实现了10多万元的销售收入，开业第2个月，客流量开始大增，尤其是周末的销售额已经达到开业当天的10倍，盒马鲜生的首家门店实现了开门红。

实际营运数据证明盒马鲜生的新零售模式是成立的，之后，“盒马模式”开始在全国范围内进行复制，同时，它也为阿里巴巴集团的新零售探索提供了一个最佳样本。

2016年10月，在云栖大会上马云正式提出“五新”（新零售、新金融、新制造、新技术、新能源），新零售概念随即受到业界热捧，而阿里巴巴成立的“五新执行委员会”则由CEO张勇担任主席，张勇对盒马鲜生的评价是：“我们相信，未来新零售一定是线上线下完美融合，这样的融合正在发生。盒马就是一个典型的例子，盒马展示出了线上和线下结合带来的商业机会。”

在云栖大会上，马云提出的“新零售”的概念为：“线上、线下以及物流的结合才会诞生新零售。”而阿里巴巴集团CEO张勇对新零售的诠释为——在大数据驱动下完成人、货、场的重构，产生化学反应，形成新的消费价值和体验。

对照这些标准，盒马鲜生当是最符合条件的零售新物种。

二、效率革命

盒马鲜生是基于互联网思维、资本、物流配送、大数据和人才等优质资源基础之上的新零售创新。从需求侧而言，新零售的本质在于迎合消费者日益增长、日益挑剔的消费需求；从供给侧看，表面看是靠营销、靠运营、靠产品，本质上归根结底还是“效率”二字，是一场基于效率提升的行业革命。

我们来回溯一下零售业的演变史——

1. 第一次零售革新：百货店

1796 年，Harding Howell & Co 的“大时尚杂志”（Grand Fashionable Magazine）商店在伦敦开业，这被认为是第一家真正意义上的现代百货商店，用来销售毛皮、日用杂货、珠宝、钟表以及女帽制品等。

百货店的出现，彻底打破了传统零售业的小作坊式运作模式。百货商店改变了零售业的两端：在生产侧，百货商店能够大批量组织货源，支持商品的大批量生产，降低了生产成本；在消费侧，百货商店则像博物馆一样大量陈设五花八门的商品，使得消费者的选择余地大大增加，且百货店巨大的购物空间和良好的购物环境，让消费者可以实现“一站式”消费，让购物真正成为一种娱乐和享受。

2. 第二次零售革新：连锁店

连锁店是百货店发展到成熟阶段的产物。1859 年，世界上第一家近代意义的连锁商店——美国“大西洋和太平洋茶叶公司”成立。正规连锁商业公司拥有完备的统一管理和规模运作系统，同时，同一品牌的连锁店可以分布在更广的范围内，一方面提升了零售企业的品牌知名度和实力，另一方面也大大降低了成本，提高了门店的运营效率，使得消费者的购物更为便捷。

3. 第三次零售革新：超级市场

超级市场，又称自选商场，最早出现于 20 世纪 30 年代。超级市场将各类食品、家庭日用品分门别类地陈列于货架上，采取开架销售、顾客自我服务的模式，提供了全新的购物体验。现代超市还引入了科技含量极高的收银系统、订货系统、核算系统等运营支撑体系，极大地提高了商品的流转速度和周转率。

4. 第四次零售革新："互联网 +" 新零售

20 世纪 90 年代，随着互联网的普及，电子商务开始诞生并高速成长，由于突破了传统零售在物理空间和时间上的限制，电商所售商品近乎无限，消费者拥有了近乎无穷的选择。另外，由于电商颠覆了传统零售的分销体系，改变了传统零售的成本结构，提升了运营效率，使得商品的价格大大降低，让利于消费者。

在电商的步步紧逼下，传统线下零售亦开始"反扑"，进军线上，零售 O2O 模式四面开花，与此同时，生存空间遭受蚕食的线上电商也纷纷开通线下实体店、体验店，推进线上线下一体化的全渠道新零售商业模式。在互联网技术和现代物流的助推下，各种新零售业态开始风生水起。

通过零售业的发展史，可以发现一条隐藏的路径，零售业的每一次革新，其本质都是为了提升零售服务的效率，都是在围绕"成本、效率、体验"做文章，当线下零售不足以满足消费者需求时，电子商务应运而生；当纯粹的电商不能为消费者提供完善的消费体验时，强调线上线下充分融合的新零售随之落地。

再看盒马鲜生，抛开它的业态创新不谈，单从"有效性"来讲，就是一个很好的企业案例。盒马鲜生对消费者承诺，无论是在线下门店直接购买，还是通过线上 APP 下单，只要不超出下单门店 5 公里，订单都能够在半小时之内送达。对于经营生鲜产品的盒马鲜生而言，这一终端配送效率可以有效保证产品的新鲜度，也能够满足用户的即时性消费需求。

盒马鲜生高效率满足消费者需求只是表象，内在驱动力在于其强大的物流配送系统。

第一，精准算法支持。

盒马鲜生借助大数据、移动互联网、智能互联网和自动化技术及相应的先进设备，通过精准算法实现了人、货、场三者之间的最优化匹配。

第二，高效精准拣货。

盒马鲜生采取的是分布式拣货方式，不同于传统仓库“一个人拣完订单中所有货品”的方式，采用算法把订单打散，让不同的拣货员可以就近拣货，提高工作效率。

盒马鲜生经营的所有商品都有专属的电子价签和条码，使得每个拣货员都可以用 RF 枪（用来进行扫描的一款手持设备）工作，确保拣货、合单、发货的高效准确进行。盒马鲜生将订单拣货环节的时间严格限制在 3 分钟之内。

盒马鲜生具体的拣货流程为：门店消费者，选完货后可以通过物流传送带将货物直接送到收银台；通过 APP 下单的消费者，门店接到订单后，店内相应的商品品类部门，会直接把货架上标准化、独立包装的商品装进保温袋，再推送至运输系统，自动分配到相关配送人员，这一连串动作都将在 1 分钟内完成，随后，店员会在 1 分钟内从库房提取商品补充至货架之上。

第三，线上线下智能拼单。

盒马鲜生的线上线下数据被充分打通，消费者既可以单独线上或线下下单，也可以随意在线上线下进行智能拼单。举例来说，消费者在盒马鲜生的某家门店下单后，返回路上突然想起遗漏了某项商品，此时可以打开智能终端设备上的盒马鲜生 APP，实现线上加单，而盒马鲜生的系统会自动将该消费者的两个单拼接在一起，实现统一配送。

盒马鲜生的高效率带给用户的独特体验，得益于其线上与线下、前台与后台、人工系统与信息系统、物流系统与销售系统等各个方面的优化组配。

对零售业而言，发展是硬道理，那么有效发展才是真道理。

京东 CEO 刘强东将零售分为四种业态（见图 1－2）：

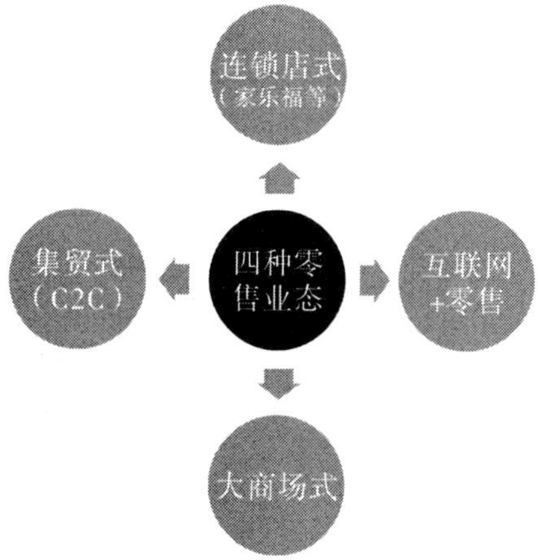

图1-2 零售的四种业态

在刘强东看来，这四种零售的业态模式是不断更替的。促使这种更替的，除了不断提升的顾客体验之外，还有一个重要原因：零售业态背后的运营成本和运营效率。

零售业发展趋势是：高效率低成本的零售业态将会取代低效率高成本的业态。

第一，传统集贸式零售业态的运营效率较低，平均的库存周转天数为50天、100天，且成本较高，经过“全国总经销商、省级经销商、市级经销商、县级经销商到批发商”层层加价，最后，消费者要为此付出30%～50%额外的成本。

第二，大商场式业态，通常也需要25%～35%的渠道成本，需要50～70天的周转天数。

第三，连锁店式零售业态，能够将成本费用率降到只有20%，甚至20%以内，能把库存周转天数控制在五六十天左右的水平，明显优于上述两种业态，因此，竞争力更强。

京东的成本和效率管控又是什么水准呢？

刘强东的答案是——

“京东电商的成本费用率从来没有超过12%，你在财报上看到我们费用率可能有14%，因为有‘到家’，有很多其他成本放到一块了，纯粹看电商我们的费用率只有 12% 左右，第一次把整个渠道的成本降到了 12% 以内。我们库存周转天数只有 30 多天，我们库存管理了 200 万的产品，传统零售库存管理只有 5 万种，最多没有超过 15 万种，沃尔玛全球的产品总数只有 15 万种，但是京东管理着超过 200 万种的库存产品，全国 200 个库房，我们依然能把周转天数控制在 40 天以内，甚至 30 天左右。”①

从成本和效率数据上看，京东已经优于其他传统零售业态。

无论怎样演变，零售的本质是不变的，未来，零售业可能会演化出更多新的业态，但无论怎样发展，最终一定还是会紧紧围绕“成本、效率、体验”来推进，用雷军的话说——“新零售的本质是效率革命”。

---

① 北京举办的“互联网 +”峰会上刘强东的发言内容，2016 年 6 月 16 日。

三、商业元素重组

由于传统零售和传统电商的局限性，新零售应运而生。

传统零售模式下，线下门店会受时间和经营空间的限制：一方面经营成本过高，经营效率低下；另一方面，也无法满足客户随时随地的消费需求，发展空间必然受限。

传统电商的纯线上模式，无法为用户提供面对面的直接体验，下单和收货中间有一个时间差，也可能会导致用户有不良体验，这是其先天短板。

马云指出：纯电商时代已经过去，未来十年、二十年没有电子商务这一说，只有新零售。也就是说，线上、线下和物流必须结合在一起，因而诞生真正的新零售。

我要补充一句，未来，既没有纯电子商务这一说，也没有纯线下零售这一说，只有线上与线下充分融合的新零售。

传统零售的生产要素是人、货、场，电商的生产要素是人、货、场，新零售的本质也是人、货、场，三者并没有本质区别，区别在于对三大商业要素的重构程度。正如阿里巴巴集团提出的新零售战略思路：以天猫为主阵地，通过数据的运用，帮助品牌企业乃至整个商业对人、货、场商业元素进行重构。

无论旧零售，还是新零售，都脱离不开“人、货、场”三个核心要素，而国内各类新零售业态的快速崛起，则主要是得益于云计算、物联网、大数据和人工智能等新技术所提供的软硬件基础，同时强调线上线下一体化与融合，同时也离不开高度发达的现代物流快递行业，使得线上和线下融为一体能够变为现实。

新零售业态，将会以传统零售所涉及的环节如供应链、商品管理、营销、销售平台（空间）等以大（小）数据为基础来构建新的商业闭环体系，以提升消费体验为核心，以满足用户日益挑剔的需求为宗旨，来重构线上、线下的“人、货、场”三要素，真正发挥“线上＋线下＋数据＋物流”的系统化优势，为未来的零售商家打造更为全面的竞争力。

盒马鲜生对“人、货、场”的重构，不是简单地打乱重组，而是充分实现了“人与人、人与货、人与场、货与货、货与场、场与场”之间的无缝链接，真正实现了“人、货、场”的优化配置，为企业高效运营和口碑爆发奠定了基础。

1. **人与人重构**

在盒马鲜生门店，消费者结账时会被要求下载盒马 APP 并绑定支付宝或淘宝账号，通过这个小要求，盒马鲜生可以用来收集消费者大数据。通过支付宝账号，盒马鲜生还可以同阿里巴巴实现数据共享，进而跟踪用户的消费购买行为、勾勒画像，并借助大数据给出千人千面的个性化建议。

盒马鲜生通过 F5 社群实施粉丝营销，突出及时、互动及互利，将有价值的信息及时传递给用户，形成强关系链。

2. **人与货重构**

货物本身反映的是消费需求，随着消费者个性化诉求的增多，货物供给也呈现多元化趋势，盒马鲜生通过大数据技术与消费者画像，实现了人与货的精准快速匹配。

3. **人与场重构**

零售场景对应着不同的消费需求与消费习惯，盒马鲜生借助零售 O2O 实现了人与场的无缝链接，有效提升了用户的消费体验。

4. **货与货重构**

货与货之间代表的是需求之间的链接，盒马鲜生通过分析某个特定的消费者，以不同的货品来满足个人不同的需求，从而实现货与货的互补和连接，以形成需求上的增量，让货与货之间实现关联。

5. **货与场重构**

即根据不同的消费场景和消费习惯，来精准匹配个性化的货品。

6. **场与场重构**

场与场之间的链接、重构、跨界，能为消费者带来不同的消费体验和互动模式，能够有效提升用户黏性和消费频次，同时提高场的利用效率，实现资源的优化。

盒马鲜生围绕着“人、货、场”中的商业元素进行了重构，这是其区别于传统零售物种的重要标志，而其衡量核心就是看商业元素的重构能不能更加有效，能不能真正带来高效率，从目前的效果来看，盒马鲜生的商业模式是高效的。

零售业（包含传统电商和传统线下零售）对旧有商业元素的重构还表现在以下几个层面：

第一，线下走到线上，线上走到线下。

传统零售业集体“触网”，进军线上，纷纷开设线上商城和基于各大电商平台的官方旗舰店，2012 年前后，大批传统零售商和传统品牌开始发力网上，它们将线下商品、企业的部分运营能力和资源投放到网络渠道，爆发出了惊人的能量和增量。

另有一个值得关注的趋势是，曾经将线下实体零售逼得近无退路的电商巨头，而今纷纷进军线下，设立实体店，选择站到了自己的对立面。

据报道，电商巨头亚马逊的首家线下实体书店——位于西雅图的“Amazon Books”线下书店，已经于 2015 年 11 月 3 日正式对外营业①，“Amazon Books”展示出来的都是 4 星以上评论的图书，当顾客扫描其二维码后，就可直接从手机上看到其他用户对图书的评论。

这是亚马逊“逆袭线下”的第一步，目的是离消费者更近，为他们提供更好的消费体验。

在国内，阿里巴巴、京东、当当、聚美优品等，也都纷纷从线上走到线下，争相开设实体店。2015 年 11 月 24 日，当当网宣称计划在 3 年内开 1000 家实体书店，将涵盖 MALL 店、超市书店、县城书店多个类型，当当网第一家实体书店布局长沙，占地 1200 平方米，且线上线下同价。

零售业态的这些演变趋势，正应了马云的一句话——线上的企业必须

---

① 陶娅洁：《网购时代，实体店“逆袭”有道》，《中国产经新闻报》，2015 年 11 月 10 日。

走到线下去，线下的企业也必须走到线上去，线上线下加上现代物流，才能实现真正的新零售。

第二，商家内部经营要素的重构。

近来有所突破的零售商家，多是从根本上解决了内部的认识问题、组织保障问题、线上线下组织关系和资源分配问题。今天的传统零售业要成功蜕变，走向新零售，不仅仅要完成在企业内部的组织重构、部门重构、职能重构，还要利用互联网新思维来武装头脑，来完成商业上的进一步革新和演变。

鸡蛋从外部打破是食物，从内部打破则意味着新的生命。新零售商家的新生命，一定是由内而外破壳而生。

第三，线上线下无缝对接。

新零售，不仅仅是线上线下的全覆盖，更重要的是实现线上线下的无缝衔接，是对现有人、货、场的重构，以用户需求为出发点，以一流的消费体验为中心，重新组织商品，升级服务，重塑消费路径，进行整个产业链的重构，最终目的是让用户感受到商家无所不在的服务价值及服务品质，无限逼近消费者内心真实的需求。

四、爆品思维

爆品一词，原本是淘宝店主们集体发明的营销利器。后来，这一词语被引申和发展为爆品思维，意指打造让用户尖叫到爆的极致产品。深谙此道的商家，都会聚焦在极少的产品上，以“自虐狂 + 偏执狂”的态度打磨出极致的产品，让用户尖叫的同时也使得商家的口碑爆棚，带来众多积极效应（见图 1 – 3）。

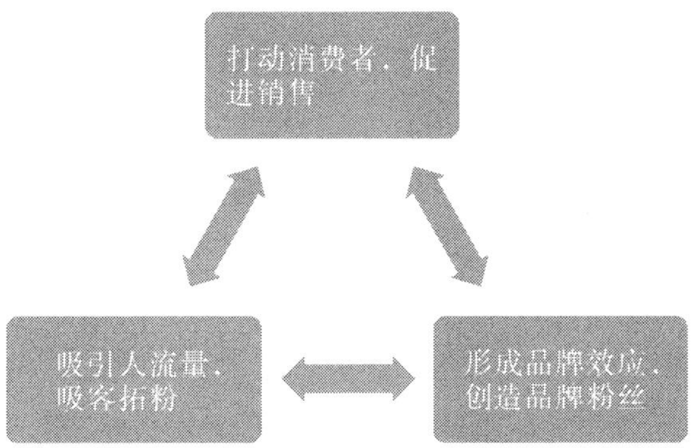

图 1 – 3 爆品的三大效应

爆品思维，是传统零售转型互联网新零售的商业解决方案，爆品是移动物联网时代的产物。爆品思维有助于商家在互联网时代找到适合自身的差异化生存之道。

1. 爆品思维是一种用户思维

新零售，从本质上而言，是传统零售基于消费需求提升的一种产业升级。观察那些在逆势中高速扩张的新零售成功样本，他们无非是死磕并做到了核心的一点：一切从消费者需求出发。

换句话说，他们成功地从商家思维切换到了用户思维。

从另一层面看，新零售可以看成是“互联网 + 传统零售”，而用户思维恰恰是互联网思维的第一核心，互联网思维引申出的其他思维都是用户思维在价值链不同层面的延展，比如雷军所谓的“专注、极致、口碑、快”就是用户思维的体现，周鸿祎所谓的“体验至上、免费策略”也是用户思维的体现。

一般而言，商业可分为两大环节：创造价值环节和传递价值环节。传递价值可以解构为三个方面：信息流、资金流、物流。互联网首先通过自身的高效率，来缩短或者重构“传递价值”的商业价值链。

互联网为什么能够颠覆传统产业？因为从工具到思维，从产品到服务，从模式到人才，互联网企业都比传统产业的效率高得多。互联网颠覆传统产业本质上是对传统产业核心要素的重新分配，是生产关系的重构，从而使运营效率和结构效率得到提升。

这里所指的传统产业，是相对而言。什么是传统产业？用户需求得不到很好的满足、效率低下、交易成本过高、用户体验不佳的产业都属于传统产业。

传统零售业借助互联网思维进行自我革新时，都要重新审视所处产业和自身价值链条的低效环节，并寻找提升的方法。

事实上，用户思维恰恰是传统零售业最为欠缺的，那些经营不善的线下零售业往往仍在固守商家思维、商品思维，而不去研究并设法满足用户日益升级的需求，如此在产业升级中被边缘化乃至淘汰，也就不难理解了。

用户思维关注的是活生生的“人”，是一个个鲜活的用户，而不再是“物”，不再只是产品。它的聚焦点由产品、市场转移到了用户身上，是切实围绕用户的核心需求和用户痛点，用心去满足用户需求、消解用户痛点的一种思维模式。这种思维模式下，商家多维度的经营思路经过梳理后，最终被聚焦于用户本身。旨在以产品、服务、文化、精神和思想等各个层面，满足用户不断增长的个性化、差异化物质需求、文化需求和精神需求。用户思维也有三个明显特性。

第一，人性化。用户思维是基于特定用户，直接体现对用户的关怀、友爱、信任、尊重及成全等人性化元素。

第二，个性化。满足用户的个性化、差异化、小众化需求，不再局限于大众化需求。

第三，多样化。从多个层面，以多种形态来满足用户需求。企业提供产品、服务仅仅是其中的一个层面、一个形态，只是物质的层面、服务的层面。用户思维的多样化特征更多地体现在对用户文化、情怀、精神和思想层面上的满足与关怀。

用户思维主导下的商家用户关系中，用户得到的不仅仅是物质层面上的满足，更是情怀、精神、文化和思想层面的满足。目的是让用户开心、快乐、愉悦，知识有收获、思想有提高、精神有升华，这就是用户思维的真谛。

用户思维，强调体验至上。要致力于消除用户体验的真空地带，好的用户体验应该从细节开始做起，并贯穿于每一个细节，能够让用户有所感知，并且这种感知要超出用户预期，给用户带来惊喜，贯穿品牌与消费者沟通的整个链条。

未来的消费关系将是：消费者需要什么，商家就提供什么。这是一个逆向满足的过程。整个社会的供应关系被摧毁重建，供求关系将发生大逆转，以往的生产、营销、渠道和盈利模式都变化了，零售商之间比拼的不再是商品和价格本身，而是谁能最先准确捕捉到消费者的需求，以及满足消费者需求的精准程度。

做爆品，需要以用户思维，站在用户角度完成对消费者需求的揣测和理解，认真研究消费者的心理，找出其痛点所在，从而做出产品布局、品牌定位，以极致的用户思维有针对性地做出满足消费者需求的产品、提供极致享受的服务体验。

用户思维有助于商家更好地定位目标消费人群，以盒马鲜生为例，就做到了明确目标顾客定位和需求（场景）定位：

第一，精准的目标顾客定位。

盒马鲜生的目标用户为“80后”“90后”消费者，他们是互联网的“原住民”，是中国改革开放后富裕起来的新一代消费者，他们更关注产品的品质，对价格的敏感度不高。

第二，精准的目标场景定位。

盒马鲜生主要是围绕“吃”的场景来做产品定位的，以满足目标消费者所有“吃”的问题，提供所有有关“吃”的产品，提供“吃”的一站式服务。

这种定位对于缺乏用户思维的商家是无法完成的。

2. 爆品思维是一种品牌思维

爆品思维背后隐藏着品牌思维，做爆品的目的最终是为了树立品牌，在消费者心中实现占位。品牌树立起来了，才能够被目标消费群体所熟悉、所喜爱，这样就能够形成良好的口碑效应，将爆品变为目标消费者日常所追求的生活必需品，从而实现良性循环和可持续发展。

品牌打造的前提，是先要为消费者创造价值，在满足消费者需求的同时构建起品牌的核心价值观，盒马鲜生就是从四个方面塑造了自身的价值体系，并从这四个方面重构了一套全新的消费价值观。

第一，新鲜每一刻。

在盒马鲜生创始人侯毅看来，新的生活方式就是消费者买到的商品都是新鲜的，消费者每天吃的商品都是新鲜的。为了确保新鲜，盒马鲜生将所有的商品都做成小包装，仅供顾客吃一顿，这样，顾客需要什么就买什么，盒马鲜生会在30分钟内快速送到顾客的家里，永远让顾客吃新鲜的食品。盒马鲜生的新鲜每一刻，就是要让大家的生活品质得到保障，为此，他们甚至已经无视客单价理论。

第二，所想即所得。

盒马鲜生采用店仓合一的经营模式，成功实现了线上与线下的商品统一、品质统一、价格统一、库存统一、营销统一，可以满足顾客在任何场景下的即时性消费需求，实现“所想即所得”，让消费者的生活更方便是盒马鲜生的使命。

第三，一站式购物。

盒马鲜生通过“有限的线下门店 + 无限的线上品类扩展”，来满足消费者的各种个性化产品需求，围绕“吃”来定位，可满足消费者所有“吃”的需求，实现真正的一站式购物，有着巨大的产品层面的竞争优势。

第四，让“吃”变得快乐，让做饭变成一种娱乐。

盒马鲜生推出了各种各样的活动鼓励消费者参与，让80后、90后在家里做每一顿饭时都能体现其价值。盒马鲜生在各个门店都设置了大量的分享、DIY、交流等环节，让“吃”这件事变成一项娱乐，同快乐画等号，开创了一种新的生活方式，从而产生了极强的消费号召力和消费黏性。

让大家生活更加美好、更加开心的初衷，使得盒马鲜生能够在消费者心中占有一席之地，成为很多人追求品质生活的必备神器和首选品牌。

3. 爆品思维是一种粉丝思维

爆品思维更是一种粉丝思维，爆品离不开粉丝的分享与追随，也正是因为有了粉丝的存在，才能在社会化营销中将产品持续成功引爆。

消费者的好感来源于商品价值和企业关怀，粉丝营销也不是简单通过微信公众号等平台每天向粉丝疯狂推送公众广告促销信息，刺激他们进店消费。

O2O平台上的关注者未必是粉丝，会员也未必是粉丝，粉丝有着高度的黏性，能够持续进店消费，对商家有一定的忠诚度。

要聚集这种意义上的粉丝，需要向他们传递商品价值和企业关怀。比如，一家化妆品店的微信公众平台，可固定向粉丝推送一些女性日常生活小窍门、健康保养小常识、皮肤护理化妆小技巧、时尚着装小建议和时尚娱乐圈的一些最新热点资讯等。

必要的时候，可举办一些粉丝互动活动，增强粉丝黏性。时刻注意粉丝的负面情绪，避免负面口碑的出现。一旦出现负面评论，要及时予以化解，避免其大面积扩散。

爆品在最初阶段一般不应以销量多少定输赢，而是应该以其粉丝群论成败，即粉丝思维定输赢。

五、新零售爆品打造图谱

爆品，顾名思义，是能够快速引爆、提升客流、拉动人气和销售业绩的明星单品，它能够为店铺有效解决客流和现金流两大核心问题。

爆品一定是店铺内的明星单品，并至少需要在以下某一方面实现突破：

第一，品质突破。产品质量比竞争对手都好，就是独一无二的爆品，就像苹果手机，虽然价格相对昂贵，消费者依然趋之若鹜。

第二，性能突破。产品性能好到别人都做不出来，性价比超高，一直被模仿，却无法被超越，竞争对手难以望其项背，也是爆品。

第三，价格突破。如果品质性能无法同竞争对手拉开差距，也可以在超低价格上做文章，将产品祭出价格的撒手锏，那也是爆品。

爆品，从营销角度可以分为两大类：

第一，流量型爆品。以快速提升店铺人气和客流为主要目的，适合于爆动商圈、周年庆、新店开业等情况，多是可以用来抢顾客、打击竞争对手的明星单品。

第二，利润型爆品。即通过店员人为推荐，将顾客快速吸引到可以提高毛利和客单价的主推利润单品。这适合于已经具有商圈基础、具有一定人气和客流的门店，或者门店里面已经有热卖的品类区。

下面我们来见识一下什么是爆品。

2014 年 7 月，西北菜餐饮集团西贝莜面村，宣布以 600 万元的价格买断《舌尖上的中国 2》里的张爷爷挂面，随后开始在其全国门店推出了名为“张爷爷家原汁原味”的酸汤挂面。

从上市到 8 月底，短短两个月，这种酸汤挂面就卖出了 100 多万碗，销售额突破 1700 万元。原本就吃饭常常需要排队的西贝莜面村，食客更是排队排到爆。

这碗面的火爆，除了其独特的来历外，跟西贝莜面村掌门人贾国龙在产品层面的极端偏执倾向分不开。

有知情人士称，在西贝莜面村内部，“爆品思维被反复讨论，跟产品较劲的程度令人爆头……在内部，其实讲的是‘非常、非常、非常好吃’战略，贾老板认为仅仅‘好吃’两个字还远远不能表达西贝在这个问题上的态度”。①

西贝莜面人对产品较劲到什么程度呢？（见图 1－4）

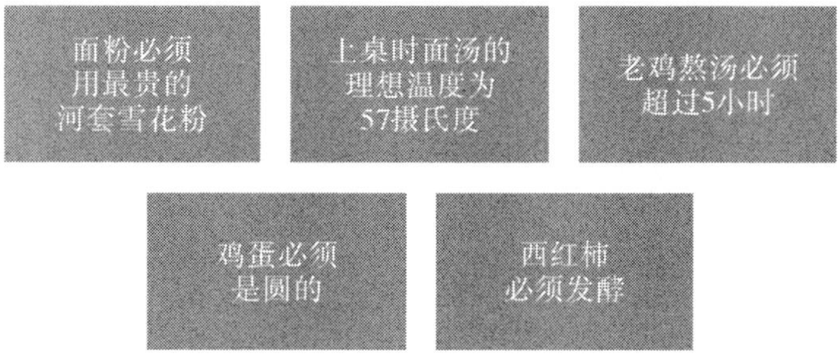

图 1－4　西北莜面村的爆品思维

褚时健堪称是爆品王，无论做烟，还是种橙子，都能秒杀竞争对手。

在褚时健看来，爆品的原点就是认真。“做事情的规律是，认真就做得好。要下功夫要认真，所有的事都要这样，要下功夫。这几年，不少 20 多岁的年轻人跑来问我：‘为啥事总做不成?’我说你们想简单了，总想找现成、找运气、靠大树，没有那么简单的事。我 80 多岁，还在摸爬滚打。我现在蹲下就站不起来了，但分枝、挂果的时候我都要去果园，坐在边上，让人扒开树叶露出果子给我看。”②

以这种态度去做产品，难怪“褚橙”能秒杀一切竞争对手。

---

① 金错刀：《2014 年最火的一碗面——爆品思维戳痛了谁》，微口网，2014 年 9 月 4 日。

② 金错刀：《褚时健打造爆品的 3 句话》，网易财经，2015 年 5 月 26 日。

新零售爆品思维：关于零售新物种

◎新零售一定是线上与线下完美融合：线上、线下以及物流的结合才会诞生新零售。

案例：盒马鲜生打造了“生鲜超市＋餐饮＋物流”的零售新业态，实现线上（做交易）、线下（做体验）充分融合，以优质体验占领消费者心智，形成消费黏性。

◎无论怎样演变，零售的本质是不变的，新零售的本质是效率革命。

◎不论旧零售，还是新零售，都脱离不开“人、货、场”三个核心要素。

案例：盒马鲜生对“人、货、场”的重构，不是简单地打乱重组，而是充分实现了“人与人、人与货、人与场、货与货、货与场、场与场”之间的无缝链接。

◎爆品思维，是传统零售转型互联网新零售的商业解决方案。

案例：盒马鲜生做爆品，是以用户思维，站在用户角度完成对消费者的需求揣测和理解，认真研究消费者的心理，找出其痛点所在，从而做出产品布局、品牌定位。

◎爆品，是能够快速引爆、提升客流、拉动人气和销售业绩的明星单品，它能有效解决客流和现金流两大核心问题。

案例：西贝莜面村的酸汤挂面的火爆，靠的是“非常、非常、非常好吃”战略，靠的是企业掌门人在产品层面的极端偏执倾向。

第二章

小品类市场占位

一、零售因小而美

小而美，顾名思义，指的是小而精致，规模不一定很大，渠道不一定很广，产品数量不一定很多，但却都是精品，都投注了经营者所有的热情，以匠人之心追求一种极致（见图2－1）。

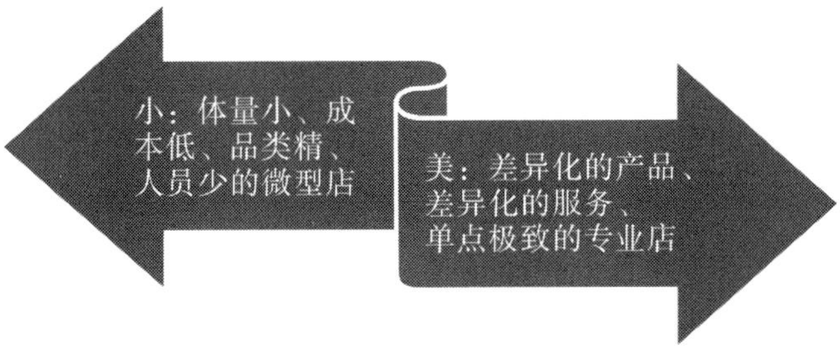

图2－1　小而美的内涵

我们看到，一些创新业态的零售商，比如京东的“京选空间”、阿里巴巴的“无人超市”、小米的“小米之家”、当当的“当当书吧”、阿里系的“易果生鲜”，都在将自己的小店打造成又美又专又小的专业店，做最专业的烘焙店、零食店、水果店、化妆品店、母婴店、生鲜店……用专业化、精细化、差异化和便捷性更好地迎合了新的消费需求。

小而美的零售有以下特征（见图2－2）。

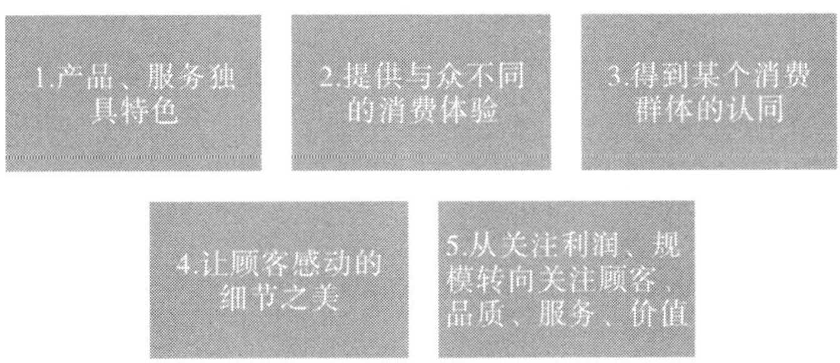

图2－2　小而美的零售

小而美，对应的是大而全，小而美商家往往能在很小的细分市场内将产品和服务做到极致。从更广义的范围上看，小而美商家就是那些规模不大但却有着独特价值的零售商。

举个最简单的例子，你可能只有一家占地10平方米的蛋糕店，你的服务半径也许只有2公里的范围，但是你烤出的蛋糕味道异常鲜美，顾客都对之念念不忘，每天的产品都供不应求，那么，你的生意就是当之无愧的小而美零售。

商品或服务要达到小而美的标准，需要具备两个条件：

第一，“小”，是指那些“功效独特”、能够轻松聚焦到某一“特定消费群体”的商品或服务，并非是指商品的大小和价格的高低。它们只需针对特定的消费群体，而不必针对大众市场做全面推广，也因此，它们付出的营销成本和推广费用相对是较少的。

第二，必须是“美”的，否则小而美也就没有了存在的意义。“美”指的是卓越、极致的功效，相对于“小”而言，“美”讲的是一种深度，即你对顾客及其需求理解得越深入，你的商品或服务也就越“美”。

根据这一标准，“小而美”商品或服务就是那些功效独特、极致，具有明确细分消费群体的商品或服务。

小而美，对传统零售转型具有重要而深远的意义。

做小、做专、做美，比做大、做强更容易，但从某种程度上讲，做到小而美，也不是一件简单的事，它需要付出一颗“追求极致的专注、常年如一日的坚守”的匠心，需要耐得住寂寞、经得住诱惑。

“小”不是市场小，是指细分市场，可以满足某个群体认同的需求；“美”是于细节之处让用户感动，经营方式有创新、有新意，追求极致，从产品、营销、服务等多维度打造最佳客户体验。从大规模、标准化到聚焦消费者，个性化、人性化的回归，满足碎片化的需求，众多小而美业态将构成未来商业发展的根基。

二、引爆小品类市场

小而美，“小”指的是细分，细分领域对应的是小品类市场。

角逐小品类市场，是零售行业在移动互联网时代的一条必选之路。

随着智能手机和平板电脑等移动终端的大量普及，消费者在移动端购物成了一种新潮流，他们不再是刻意地去购物，而是随时随地都可以购物，消费模式再也不受时空的限制，这导致传统的商圈、消费渠道由集中到分散，由中心化到去中心化。

1. 去中心化的商圈

城市化的突飞猛进，使得城市商圈进一步成熟和扩散，各种 CBD 商圈、城市中心商圈、副中心商圈、区域中心商圈不断涌现出来，直至街道商圈、社区商圈，商圈从地理上已经被充分碎片化，进而，消费者的选择无限增多，也被无限分散。

2. 去中心化的渠道

以往，消费者要装修房子，通常要去建材零售市场购买原材料。如今，形势完全变了，他们可以去装修公司的材料馆，可以去各种品牌专卖店，可以去天猫、京东、淘宝等电商平台，也可以去各类品牌的 O2O 体验店，还可以参加五花八门的团购会。

新形势下，消费者再也不会集中选择某一个或几个渠道，谁也不知道他们会在什么时间选择什么渠道去购买。

3. 去中心化的品牌

过去，每个领域都有各自的核心品牌。买电脑，有联想、戴尔、惠普；买手机，有苹果、华为、三星；买运动服，有阿迪达斯、耐克、李宁；等等。

如今的消费环境，各个细分领域的品牌无限增加，各种传统品牌、网络品牌、自品牌争奇斗艳，而消费者也不会忠于某几个品牌。更何况，更多年轻一代的消费者只追求自我，品牌倒在其次。

4. **去中心化的消费方式**

去中心化时代，消费者的消费行动变得难以捉摸，他们可以随心随欲在任何时间、任何地点通过多样化的方式完成自己的消费，而不必再局限于特定时间、特定场所进行消费。

随着智能手机的普及率越来越高，以及人们对智能手机依赖性越来越强，整个消费环境都呈现出移动化的特征。

而消费的碎片化特征也非常明显，移动互联网时代，每个人都是移动终端，都是消息源，都是自媒体，消费者的注意力被各种传统媒体和新媒体无限分散，使得他们的消费行为不论是在需求、地点，还是时间上都呈现出碎片化趋势。

消费者在时间和空间上被最大限度地分割，消费者不好捕捉了。

在去中心化的碎片时代，消费市场也被无限分割、分散，消费者的选择无限增加，对特定商家、特定品牌的忠诚度、黏性则在逐渐降低。

这种形势也在倒逼商家要去迎合小众需求，去引爆小品类市场，实现小品类市场占位。

法则一：问题思维，理顺模式

小品类市场，并不是没有市场，也未必是绝对意义上的体量小，而是定位更精准的细分市场。反而是小品类市场，更易打造爆品，前提是要具备问题思维，致力于为小品类市场消费者解决问题。

消费者有需求，只要你能解决问题，满足消费者需求，你就能获得成功。在这个满足需求的过程中会出现很多新的问题，比如环境问题、污染问题、医疗问题、教育问题、贫富差距问题、老龄化问题、留守儿童问题等，这些问题的背后是机会，你能解决这些问题，能够成功满足某类人群的某种需求，你的生意也就走向成功了。

“我看到的所有创业者成功，其实都或多或少解决了社会上某个问题，提升了产品或服务价值，做得更高了。我相信任何一个创业者在创建自己公司的时候，都应该会想想：我是在解决这个社会的什么问题，我公司的商业模式是什么，我在创业中是否有很多很好的主意。

“有很多创业者跟我聊天，讲得是眉飞色舞，特别兴奋，讲到最后我就问他一件事情：

你这个看似很完美的商业模式，解决了什么社会问题？
能给社会带来什么价值？
或者说你能够为你的用户带来什么价值？
能够为你的行业带来什么价值？

“如果带不来的话，迄今为止我还没看到任何一个创业者能够把公司做成功。大家再看下京东做所有业务其实都一个逻辑，都必须是在某个行业某个细分领域发现了问题，问题就是机会。”

这是刘强东对创业机会的解读，对新时期的零售业来说，问题即机会，定位，一定要带有“问题思维”。

1998 年，刘强东带着 12000 元积蓄到中关村租了一个 4 平方米的柜台。

那时候中关村几乎所有的商家做生意都是一个模式，老板对员工的培训基本都是如何去欺骗顾客，刘强东觉得这注定是不对的，行不通的，终究有一天这种混乱的情况会改变。

刘强东在开柜台的第一天，就实行所有商品明码标价，所有商品都开正规发票，这在中关村市场是开天辟地头一回。

在他的柜台上，不接受顾客讨价还价，因为所有的商品都是正品行货，所有的商品都可以开具发票，给予质保。

在那个年代，刘强东的做法与整个市场格格不入，因为整个中关村做生意基本都是要想尽一切办法，如何把 1 元的东西 2 元卖出去，3 元卖成 6 元，甚至不惜通过一种变相欺骗的方式。

这种欺骗发展下去，顾客就失去了对商家的信任，总是带着警惕和防骗的心理去消费，这给消费者带来了障碍，也无形中增加了商家的成本。

这就是问题！谁能把这个问题解决，谁能满足顾客的真实需求，谁能消除顾客的顾虑，谁就可以取得成功，非常简单。

刘强东解决了这个问题，自然也就脱颖而出了。

当这种理念坚持到第6年的时候，刘强东的摊子做大了，从当初一个几平方米的小柜台，发展到2003年，已经在国内拥有了12个店面，在北京有3个店，而且每个店的营业额都非常高。

“如果你让我说创业，我想说，创业要想取得成功，关键就一句话：只要你能够解决一个问题，那么你的项目就一定会成功。”

这是刘强东在哈佛中国论坛上就创业话题的总结。

怎样去解决问题呢？

首先要明白问题在哪里，明白顾客的需求在哪里。

当然，要能够准确地回答这个问题，不是一件简单的事。因为它不是一个孤立的问题，而是很多问题的集合——

◆你的潜在顾客群是谁？

◆他们都有怎样的特征？（性别、年龄、收入、教育背景、居住地区、兴趣爱好、婚姻状况等）

◆你可以在哪里找到他们？

◆他们有哪些共通的问题？

◆你帮他们解决的又是其中哪些问题？

◆你如何确定这些问题实际存在？

◆这些问题有多大程度困扰他们？

◆他们愿意付钱解决这个困扰吗？

◆在没有你的产品/服务之前，他们都如何解决这个问题？

◆原本的解决方案的优点是什么？缺点又是什么？

◆人们都花多少钱在这些原本的解决方案上？

◆你知道什么事情是原本那些解决方案提供者所不知道的？

◆为什么原本的解决方案提供者不知道这些事情？

◆为什么原本的解决方案提供者不修正他们的缺点？

◆这个问题是因为使用了某个产品/服务而造成的吗？

◆这个产品/服务的生命周期如何？

◆顾客能够等待你的解决方案吗？

只要不断地质问自己这些核心的问题，你的企业经营模式就会越来越清晰。

不过，这些问题不是凭空想象出来的，它是建立在对顾客真正理解基础之上的，要真正做到对顾客理解，有的时候不能仅凭自己的想法，需要走近顾客，去满足他们内心深处的微小化、个性化需求，从而为其提供超预期体验。

未来新零售商的角色，更多是扮演消费解决方案提供者。

法则二：线上线下一体化思维

新零售是O2O模式的进化。

O2O即Online To Offline，是指线下（Offline）的商业机会和互联网（Online）充分结合，让互联网成为线下交易的前台，线下实体店成为交易的实体支撑。

O2O的概念源自美国，范围非常广泛，只要产业链中既涉及了线上，又涉及了线下，就通称为O2O（见图2－3）。

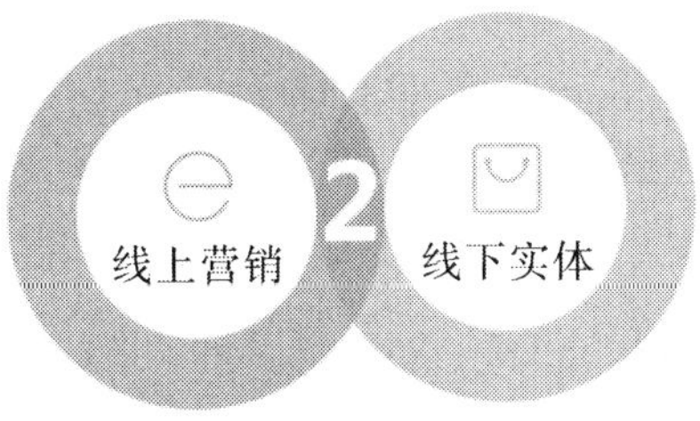

图2－3　O2O模式示意图

通俗地讲，不论是电商，还是线下实体零售，只要能实现兼具网上商城及线下实体店二者的，并且网上商城与线下实体店全品类价格保持一致，即可称之为O2O，O2O也可看作是B2C（Business To Customers，即商家对消费者个人）模式的一种特殊形式。

O2O模式与B2C/C2C模式的区别表现在：

O2O模式下，消费者在线上购买某项商品或服务，然后去线下享受服务。O2O更侧重服务性消费（包括餐饮、电影、美容、SPA、旅游、健身、租车、租房等）。

而B2C、C2C模式下，则是消费者在线购买，在线支付或货到付款，购买的商品通过电商自建物流或第三方物流，送到消费者手中，B2C、C2C更侧重实物交易（实物商品，如电器、服饰等）。

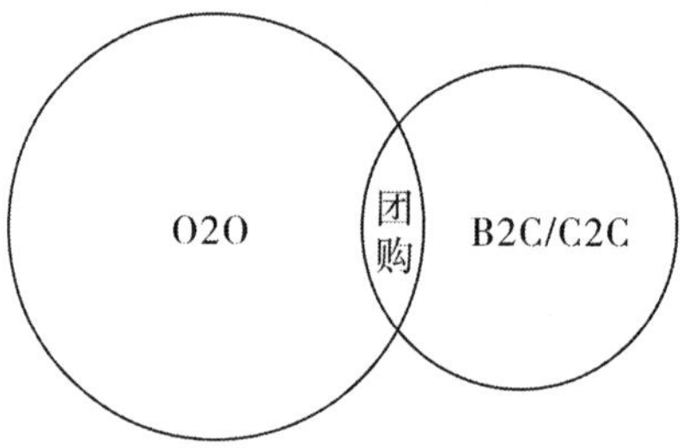

图2-4　O2O模式与B2C/C2C模式的交叉区域

O2O模式与B2C/C2C模式的一个交叉区域是团购（见图2-4），它是一种特殊形式的商业交易形式，是低折扣的临时性促销。消费者通过电商平台，购买商品或服务的团购券，再持券前往线下实体店享受服务，比如团购的餐饮券、优惠套餐、电影票、各类景点门票等。

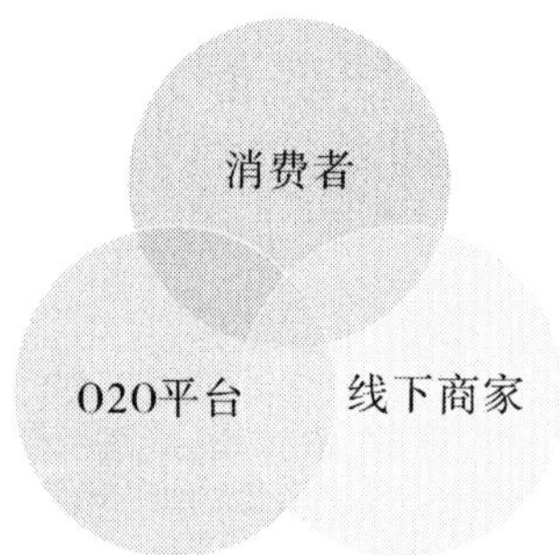

图2-5　O2O模式的构成

O2O模式由线下商家、O2O平台和消费者共同构成（见图2-5）。

这种模式下——

首先，线下商家能够降低对地理位置的依赖，减少租金支出，借助O2O平台进行精准营销和客情维护；

其次，O2O平台也能吸引大量高黏度的消费者，进而实现良性循环，争取到更多的商家入驻；

再次，消费者也能及时了解全面、丰富、即时的商家促销信息，能够快速筛选并购买适合自己的商品或服务，且价格优惠。

O2O模式能实现“线下商家—O2O平台—消费者”之间的价值传递和互惠共赢（见图2-6）。

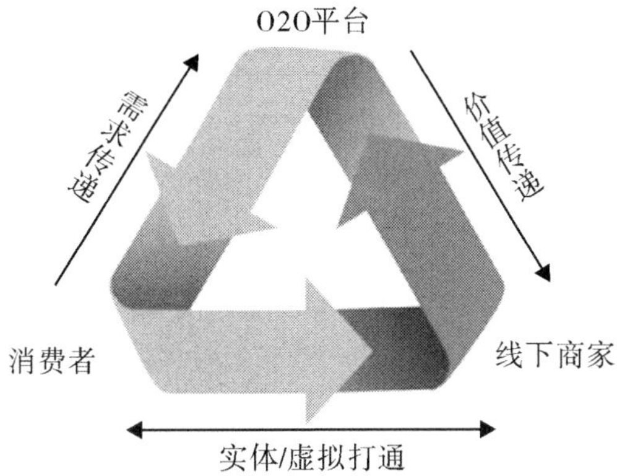

图2-6　O2O模式价值传递闭环

据普华永道近期公布的一项调查显示：大多数消费者都期待能够通过线上设备选购、支付和预订商品，又能在最方便的时间和地点，于线下提取商品。

这为传统零售业的O2O转型提供了发展契机。

而新零售之所以被认为是O2O的进化，在于新零售不仅仅是传统线下零售的“双线销售”，而且也是传统电商的“双线销售”。更进一步讲，新零售也不仅仅是简单的“双线销售”，线上线下全覆盖只是万里长征第一步，其核心在于零售商要真正从消费者需求出发，甚至让消费者参与到订制生产中去，实现消费者、销售商、制造商、服务商的良性互动，借用互联网技术，依托各种商业智能设备，在大数据技术支撑下，按消费者意志组织商品，重构服务，实现个性化、精准化销售，重塑消费者与商家之间的关系，打造新的商业文明。

法则三：提供超预期体验

根据营销学大师菲利普·科特勒的定义，市场由一切具有特定的欲望和需求并且愿意和能够以交换来满足此欲望和需求的潜在消费者组成。

新时代消费者的购物行为正在发生深刻的变化，他们更关注消费体验。传统市场上那些便宜的东西、性价比较高的东西，已经不能引起他们足够的消费兴趣，他们更关注购物、消费的过程能带来的愉悦、惊喜以及伴随消费过程始终的购买体验。新时期的线下零售市场，正在快速进入全体验消费阶段。

所谓“体验式消费”，是一种有别于传统的消费、能够DIY购物环境的、让消费者参与到销售过程中的、以零售为主的消费业态。体验式消费在更注重消费者的参与和感受的同时，对空间和环境也提出了相应的更高要求。

从价值目标看，消费者的关注点已经从产品、服务本身转移到了享受产品、服务时的感受，或者说，相对于重视结果，现代的消费者更注重过程，更注重过程中的服务和体验。人们为什么宁愿花高价去星巴克喝咖啡，而不是在家或者办公室泡一杯速溶咖啡呢？说到底，是为了享受过程，追求体验。

切换到商家角度，如果商家提供的产品、服务，不能达到消费者的期望值，他们就会感觉到失望、痛苦；相反，如果商家提供的产品、服务，能够超出消费者的期望值，就会让他们兴奋、尖叫，给他们带去超预期体验，使其欲罢不能，甚至流连忘返。

如何才能为顾客提供超预期体验呢？

根据顾客满意度三角定律——

顾客满意度值 = 顾客体验值 − 顾客期望值

若上述结果为正数，即顾客体验值超过顾客期望值，顾客是满意的，这个正数数值越大，顾客满意度就会越高，顾客的兴奋度也就越高；反之，当差值为负数时，即顾客体验值低于顾客期望值，数值越大，顾客满意度也越低，顾客的不满和愤怒程度也就越高；当顾客满意度数值为0时，顾客基本满意，没有失望，但也没有惊喜（见图2-7）。

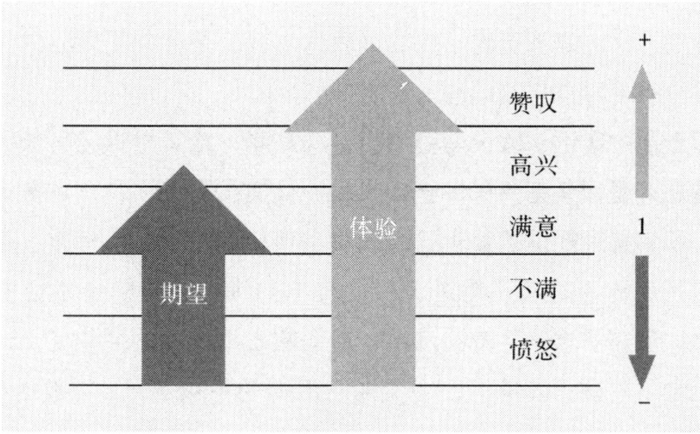

图2-7　顾客满意度的三角定律

基于此，提高顾客满意度无外乎三种途径：

第一，提高产品和服务质量，从而提高顾客体验值。

第二，适当降低顾客期望值，将顾客体验值控制在一个合理的范围之内。要合理宣传，不要夸大宣传、过度承诺，以免拔高顾客期望值，当顾客期望得不到满足时，就会转化为深深的失望。

第三，通过提升参与度，让顾客充分参与到消费过程中，来提升顾客满意度。

另外，提供超预期服务的前提在于深度了解消费者，目的在于发现他们的诉求，发现他们的潜在需求，从某种程度上讲，找不到消费者的痛点与诉求，就找不到营销和销售的切入点，也就难有成交机会。

所谓“诉求”，简单来讲，就是客户的需求点。在需求点基础上，才能进一步发掘自己的产品和服务能够满足消费者的哪些需求点、诉求点。

消费者需求可以分为显性需求和潜在需求。

显性需求又名基本需求，是消费者可以明确感受到并且可以表达出来的，可以进行针对性满足的需求。

举例来说，消费者饿了，商家给他们提供饮食，这就是满足了消费者的显性需求。通常，当消费者的显性需求被满足时，他们并不会有太大的反应，这种满足仅仅限于基本的生理层面。但如果这种显性需求不被满足，人们往往就会感觉到非常痛苦。

潜在需求指的是消费者不能准确表达的，但是存在于内心的深层次诉求，且往往有着感情化的倾向。

继续上面的案例，假设消费者饿了，某餐厅给其提供了一顿大餐。消费者饱餐后，餐厅又免费提供一杯饮品。其实不提供饮品，消费者也说不出什么，因为餐厅提供的餐食已经解决了他们饥饿的基本需求，随之而来的口渴只是消费者的潜在需求，即使得不到满足，他们也不会抱怨。不过，当这种潜在需求一旦得到满足，就会超出消费者的期望值，这样，他们就会感觉到兴奋，会惊讶，会尖叫。但即使不被满足，他们也能接受，不会有明显的不适。

想要更精准地发现消费者的潜在需求，就要具备一双善于发现的眼睛，关注消费者的抱怨，留心消费者不经意的细微行为模式，可参照以下步骤：

第一步：观察消费者。

仔细观察你的消费者在移动互联网时代会遇到什么样的烦恼、不便和麻烦，你能怎么解决这些烦恼、不便和麻烦，怎样给他们带去更为简洁、更为便捷、更为省时、更为低价的解决方案。

第二步：融入消费者。

把自己当作消费者，加入他们的群组，去倾听、去发现他们的抱怨、诉求，听听他们自己所渴望的解决方案。

第三步：换位思考。

把自己彻底装扮成目标消费者，去模仿他们的生活习惯，去使用、体验消费者的生活情境，以同理心去模拟他们的消费场景。就好比宝洁公司的产品研发人员会同消费者一起生活十余天，近距离观察他们的行为模式和潜在需求。

第四步：邀请参与。

必要情况下，可以让消费者参与到产品、服务的配置、设计中，以凸显他们被隐藏的真实需求，然后再于产品的可行性上进行一一甄别。

第五步：做出模型。

根据上述步骤得出的结论，尽快做出一个产品或服务的原型来，让消费者进行小范围使用、体验，及时发现并解决问题，完善产品和服务，快速反应，赶快更新迭代。

【案例】三只松鼠：如何引爆小品类市场

从2012年6月创立至今，短短6年时间，三只松鼠就从一个淘宝商家成长为年销售额近50亿元的零食坚果领域的知名零售品牌。

三只松鼠的缔造者章燎原被誉为“松鼠老爹”，创业之前已在坚果行业摸爬滚打了10年，熟悉该领域的各个环节，擅长小品类市场的细分品牌定位、蓝海市场开拓和互联网品牌打造。

2012年，淘宝商城更名为天猫，章燎原嗅到了商机，在他看来，电商各细分领域都会出现为期3年左右的创建小品类品牌的窗口期。

当时的坚果市场有两大类：一类是A级市场，即传统的散货坚果，包括各种线下的实体炒货铺子、炒货店，价格便宜，购买便捷，但质量不一，缺乏品牌，商家覆盖人群有限，属于比较散乱的市场；另一类是B级市场，即包装类坚果市场，质量相对较好，价位较高，线下的代表性品牌为“百草味”“来伊份”等，主要受众为年轻人、办公室白领等。

三只松鼠要引爆的是B级坚果市场，章燎原借助逆向思维，研究了产品以外的一些重要细节，包括其他同类品牌的消费者负面评价和吐槽，结果发现很多消费者反映的问题：买得太累、坏的太多、包装太蹩脚、坚果太难剥、吃完了手太脏、果壳没处扔……针对竞品存在的问题，三只松鼠的用户体验策略逐渐明晰起来——“在每个细节上都要超越用户期望，创造让用户尖叫的服务，才是核心竞争力”。

比如，细心的章燎原发现，消费者吃坚果，一般都会需要一个垃圾袋，于是，三只松鼠就在包裹中放置一个价值0.18元的袋子，这看似增加了额外成本，却也让消费者感受到了三只松鼠的用心和体贴，最终会给消费者以惊喜。

怎么提高“用户体验”？就是真正站在用户角度，设身处地去发现他们的真正需求和痛点，设法给予满足和解决，这样将会引爆消费者口碑，让用户尖叫。

出于强化用户体验的考虑，从2016年开始，三只松鼠加快布局新零售，大力建设线下体验店，重在提供面对面的消费体验，重在引流，目的并不在于销售。

分析三只松鼠成功引爆小品类市场的原因，有几点不容忽视——

第一，针对性的细分市场，虽然小，但若有足够的潜力，消费者有持续的消费需求，便值得开拓，比如三只松鼠选择的坚果类市场。

第二，原有的市场需求未得到很好的满足，这是后来者的机会。

第三，三只松鼠高效地解决了行业问题和消费者痛点。原本的供应链和渠道效率低，且有被整合的空间，三只松鼠通过重度重整完成了产业一体化。

事实上，远远不止坚果行业存在着出现爆品的机会，我们看到类似的行业改造与整合，正在鲜花业、酒业、蛋糕业等诸多垂直领域出现。谁将是下一个三只松鼠？很值得期待！

三、极致差异化

传统零售业，尤其是百货店、购物中心等存在严重的同质化现象，以百货业为例，所经营商品中有87%都是雷同的，这导致零售商家缺乏差异化竞争优势，没有核心竞争力，为了生存只有进行低水平的价格竞争，导致全行业陷于微利困局，甚至是无利经营，难以为继。

近年来，传统零售业频现关店潮。不可否认，部分零售店之所以关门大吉，原因固然少不了电商的冲击，电商在某种程度上挤压了实体商业的生存空间，但更多的零售商是死于“内伤”，死于缺乏差异化竞争优势。

传统电商也存在类似的问题，电商各大平台，经营产品同质化严重，以往，消费者的购物习惯是“买图书去当当，买电子产品去京东，买化妆品去聚美优品……”，如今，这种界限早已经模糊，电商平台纷纷追求“大而全”，吸引顾客最有效的手段就只有价格战。这样带来的局面往往是消费者想要购买一本书，极有可能会因为0.5元就从当当转到京东。

走出同质化的红海市场，迈入差异化的蓝海市场，打造差异化竞争优势，在小品类市场宣告自己的存在，是小而美零售打造爆品的必由之路。

差异化竞争（Competitive Differentiation）是一种战略定位，即商家设置自己的产品、服务和品牌以区别于竞争者，这是小而美零售的核心战略。

我们知道，在市场中要全面超越竞争对手是很难的，要做得和竞争对手不一样则相对比较容易。不一样意味着差异化，意味着竞争优势。

传统零售业若想要杀出竞争惨烈的红海市场，发现蓝海市场，就需进行差异化定位，拒绝同质化竞争。

如今，线上与线下零售生态圈、线下零售生态圈之间，同质化现象越来越严重，如何在“二维”空间竞争中掌握主动权？差异化定位、差异化发展，将是零售商家未来打造竞争优势的关键所在。

实体商业，同竞争对手（包括线上和线下）之间，不是你死我活的关系，而要取长补短、互相学习、深度融合、优势互补、共生双赢。

差异化定位的核心，在于通过提供差异化的产品和服务，为消费者提供价值。让消费者的认可和买单，来为商家创造利润，创造生存空间。

差异化定位，可从以下几个角度切入：

1. 经营模式差异

经营模式，即商业模式。商业模式，是一种战略武器，运用得当，则威力巨大。

提及经营模式差异化，美国的“好市多”（Costco）的经验值得借鉴。在美国，不论电商还是线下零售店，能跟“好市多”正面竞争并获得优势的寥寥无几，这要归根于“好市多”的会员制模式。

“好市多”采取的是收费式会员制，消费者成为它的会员后，能以非常低廉的价格购物，前提是要在“好市多”进行“多频次、大额度”的购物，否则，就很不划算。

在采购上，“好市多”采取的集中式大量采购方式，品类不多，但是数量巨大，以此获取谈判优势，提高议价权。这样，虽然顾客在“好市多”没有更多选择，但实际上“好市多”已经帮助顾客找到了最合适、最便宜、使用频率最高的产品。

这种差异化经营模式定位，使得建立在会员制和独特商品目录上的“好市多”能够有效避开线上线下的惨烈竞争，可以避开零售业的价格战，且让顾客具有很高的品牌信赖度和很好的品牌黏性。

2. 品类差异

首先，打造同竞争对手完全相异的产品搭配。

比如，实体商家要尽量避免在3C数码产品、服装产品等电商具有明显竞争优势的领域，跟电商正面厮杀，要进行差异化产品定位。举个简单的例子：你是苹果，我是梨，你是香蕉，我就是草莓，反正就是要和你不一样。不一样就没得比较，没有比较就没有竞争。

再比如，就图书零售而言，实体书店相对于网上书店，几乎没有什么优势，但是线下书店可以进行错位经营。电商经营新书，线下店可以经营特价书、旧书、稀缺书、名人签名书等。

其次，线上线下高低搭配，价位、档次错位。

譬如：可以把实体店作为高端店，经营高价正品时货，高质高价；将网店作为低端店，用于处理实体店的库存或过季商品，或者用来销售“网络专供款”。

这样，就能够有效避开正面竞争。

3. 地段差异

通常，在城市的CBD等核心商圈，地价高，开店成本高，竞争激烈。

如何进行错位经营？可以将店铺开到二线商圈，三、四线市场，农村市场和更接近终端消费者的社区。

苏果超市、五星电器，近年来纷纷调整发展战略，让渠道下沉，不约而同提到了“要把门店开到‘犄角旮旯’去”。就是放下架子，从大城市转战县乡级市场，比如“苏果”的有关负责人就表示：“以后，大城市里基本上只开小的便利店，大的购物广场会开在小地方。”

“苏果”此举是为了避开竞争激烈、增长空间有限的核心成熟商圈，提升差异化竞争优势。

再比如，经营者在某大型社区内开一家社区便利店、杂货铺，那么就能获得最大的经营优势——离顾客最近。这一优势，是任何竞争对手也无法替代的。

4. 服务差异

服务是传统零售的短板，新零售业态应紧紧抓住这一机会，进行服务升级，提升服务水准，靠温情的服务来打动顾客。

服务差异化策略实施到一定境界，不仅能形成对于电商的差异化优势，甚至还能将线下竞争对手远远甩在身后。

比如，以“变态服务”著称的海底捞，不仅让餐饮同行嫉妒，甚至还引来了跨行业的学习者。

四、做减法，更聚焦

小，意味着更容易聚焦，针对小品类市场做减法，集中所有资源于一个突破点，更容易引爆市场。

小而美零售，通常满足如下特征——

◆业务简单。不做很复杂的业务，也不可能覆盖很多业务，这叫简单之美。

◆轻模式。不需要重资产，不会有线性的人力膨胀，不会有太大的风险，带有强烈的时代感。

◆工作快乐。拒绝“苦逼”的生活方式，也不可能是过劳死的节奏。

小而美零售，要懂得做减法，适当为产品、服务瘦身，提供精准产品，服务精准于顾客，少做无用功。

1. 精简产品

你有没有这样的经历？去餐厅就餐的时候，面对一本厚厚的菜单，看着动辄上百道甚至更多的菜品，顿时变得头大，会陷入一种选择性障碍。

翻来覆去看好久，还是不知道吃什么！

用互联网思维打造的餐饮品牌“雕爷牛腩”，深知用餐顾客的这一痛点——面对菜单时的选择性障碍。

针对顾客的这个痛点，“雕爷牛腩”在菜品上做了减法战略。

“雕爷牛腩”借鉴了那些顶尖的西餐厅，比如法式餐厅、意式餐厅的做法，在菜单设置上追求极简。所有主菜加上甜品才不过二三十道，主菜只有 12 道，每一道菜都是精挑细选、精心设置、巧妙构思、恰到好处。为了不让食客感觉腻烦，这些菜品会定期进行更新。

简洁的菜单设定，大大减少了顾客的纠结时间、选择时间，使之能更好地愉快就餐。

对餐厅而言，简单的菜品供应便是善莫大焉。

第一，较少的菜品，意味着较少的原材料，大大提升了原料采购和管理的效率。由于原材料“品种少量大”，也使得餐厅有了较强的议价权，能够有效降低采购成本。

第二，较少的菜品，后厨在制作时效率也会更高，更加轻车熟路，保持口感的一致，快速上菜，减少顾客等餐的时间，有助于优化用餐体验，提升顾客满意度。

第三，大大减少顾客选择性障碍，减少选择时的纠结心理，提升消费体验。

2. 简化服务

英国美食评论家 Barry Verber 访问过上千名消费者，其中有 49% 的人表示最讨厌过度服务的服务员。

关于过度服务，对于以服务为导向的实体业态而言，就要适当去做减法了。

1995 年的某一天，小西国义在一家理发店排了很久的队，终于轮到他，可期待已久的理发并没有马上开始，店里小工给他递上一条条的热毛巾，没完没了地进行按摩，按摩的同时还进行令人生厌的推销。

最后，小西国义付出了数千日元的费用，浪费了大量时间，得到了很多自己不想要的服务，而他的最主要目的无非是想把头发剪短一些。

传统理发店所提供的这种冗长烦琐的“殷勤”服务，让他感觉到很痛苦。

他想如果有这样的单剪发发廊：位置方便、剪发只需 10 分钟、收费 1000 日元，会有人感兴趣吗？

带着这个问题，小西国义做了一次市场调查，认同他想法的人竟然高达43%。于是，QB House 理发店诞生了，在这家理发店，小西国义将理发环节精简到了极致（见图2-8）。

图 2－8　QB House 的极简服务策略

第一，极简服务。店里只提供剪发和基本造型服务，而不提供洗发和吹发、剃须等服务。

第二，拒绝推销。不在店里推销任何美发产品。

第三，极简空间。为了充分利用空间，减少店铺面积，节约房租开支，QB House 专门开发了一款剪发组合柜。柜子正面是操作台和放置剪发用具的隔断，各种物件都有自己的卡槽，整洁干净。柜子背面则用来放置客人的衣物。每个柜子就是一个美发师的工位，再配以尺码明显小于传统理发店的椅子。

第四，自动提醒。在店面等位处，设置一组由红黄绿三种颜色组成的信号灯，用来提醒店内的繁忙程度和等待时间。绿色表示无须等待，黄色表示需要等候 5～10 分钟，红色表示需要等候 15 分钟以上，客人可根据自己的预计等候时间来选择是否等待。

第五，价格低廉。客单价在 1000 日元左右。

第六，极度卫生。在卫生上，QB House 没有追求极简，有着严格的卫生标准，给客人使用一次性围巾，所有非一次性用具包括理发师的手都要严格做到"一客一消毒"。

第七，自助付款。为了提高效率，店内没有收银员，顾客自己刷卡付费然后叫号服务，避免了收银找零的麻烦。

如今，QB House 已经成为日本最成功的连锁理发店，自从 1996 年开设第一家店面之后，QB House 在十几年间已经在日本、中国香港、中国台湾、新加坡、马来西亚等地开设了近 550 家分店，平均每月顾客超过 125 万人次。创立不久，就实现了年收入 40 亿日元（约 2.9 亿元人民币）。

大道至简。有时真正难的不是做复杂，而是做得更简单；不是做加法，而是做减法。

话说回来，对服务做减法，不是简单的一减了之，而是要根据消费者的实际需求出发，比如有些人就喜欢被一群人围着“过度服务”，那么再一味去做减法，就会过犹不及。总之，做减法的目的是为了提高消费者满意度，改善消费体验，切不可矫枉过正。

五、满足个性化需求

2004 年 10 月，美国《连线》杂志主编克里斯・安德森在《连线》杂志上发表了名为《长尾（long tail)》的文章，这篇文章迅速成为这家杂志历史上被引用最多的一篇文章，后来它有了一个更合适的名字——“长尾理论”（见图 2 –9)。

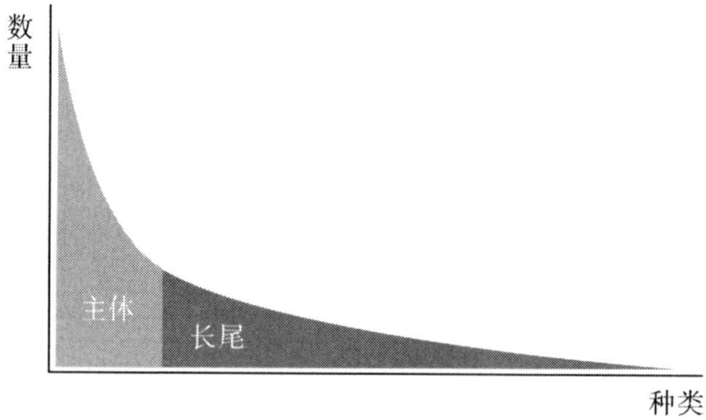

图 2 –9　“长尾理论”模型

所谓“长尾理论”，简而言之，是指只要产品的存储和流通的渠道足够大，需求不旺或销量不佳的产品所共同占据的市场份额可以和那些少数热销产品所占据的市场份额相匹敌甚至更大，即众多小市场汇聚而成的市场可以同主流市场相匹敌。也就是说，产品的销售量不但要看到传统需求曲线上那个代表“畅销商品”的头部，而且不能忽视那条代表“冷门商品”经常为人遗忘的长尾。

举例来说，一家大型书店通常可摆放 10 万本书，但亚马逊网络书店的图书销售额中，有四分之一来自排名 10 万以后的“冷门”书籍，并且这些“冷门”书籍所占的销售比例正在迅速增加。

这意味着，读者在面对无限的选择时，需要的不仅仅是排名前列的畅销书，还有适应自己个性化口味的小众图书。

“长尾理论”的提出，也正顺应了目前逐渐兴起的个性化需求与消费的浪潮，能够把握住这一趋势的商家也能在不起眼的小众市场中分得一杯羹。

在《小众行为学》① 中，作者提出了一个问题——为什么主流的不再受市场喜爱？

这是由于消费市场正在发生变化，人们的消费驱使已经从模仿型排浪式到个性化多样化。个性化消费是基于消费者兴趣的多样化，个性化消费行为不再由价格驱动，而是由兴趣驱动，消费者能从消费中获得参与感、认同感和满足感。

零售业经营者应该敏锐地感知到消费市场的变化，多开发、提供个性化产品和服务，满足目标消费人群更高层次、更个性化的需求。

为了帮助零售业了解、跟踪消费者的无缝化需求，埃森哲给传统零售商提出了六个努力方向（见图 2 – 10）。

图 2 – 10 零售商的六个努力方向

① 北京时代华文书局，2015 年版。

其中提到了“个性化互动”，研究发现，大部分国内消费者都乐于接受个性化互动的机会，有79%的消费者表示，只要能得到想要的个性化服务，他们不介意向商家提供个人信息，更有80%的消费者表示，如果有人提供个性化的订购/配送计划，他们将会增加消费。

个性化互动具有“非标准化”“定制性”的特点，满足了顾客的个性化需求，因此很受认可。

日本“寿司之神”小野二郎为食客做寿司，不仅会考虑到当天的天气情况，店里的温度、湿度，还会考虑到面粉的细致度、粗糙度，客人的性别、年龄、偏好，当日的心情等，他做出的每一份寿司都是独一无二的，保证每一份寿司都是最适合客人的。

提供非标准化产品，是满足消费者个性化需求的一个方向，除此之外，还有几种个性化的定位方式——

第一，提供非标准化产品/服务。

第二，提供小众化冷门产品。

第三，提供个性化产品/服务组合。

爆品的真正意义并不在于做出爆品，而是在消费者心智中实现占位，使之坚信你的产品就是爆品。如何才能实现这一点？最好的策略是研究消费者需求，满足他们的个性化需求，从而抢占消费者的心智资源，让他们始终记得你的贴心、你的好！

新零售爆品思维：小品类市场占位

◎零售因小而美：规模不大却有不可替代的独特价值。

小不是市场小，是指细分市场，可满足某个群体认同的需求；美是细节之处让消费者感动，经营方式有创新。

◎角逐小品类市场，是零售行业在移动互联网时代的一条必选之路。

法则一：问题思维，理顺模式。

未来新零售商的角色，更多的是扮演消费解决方案提供者。

法则二：线上线下一体化思维。

新零售也不仅仅是简单的“双线销售”，而是按消费者意志组织商品，重构服务，实现个性化、精准化销售，重塑消费者与商家之间的关系，打造新的商业文明。

法则三：提供超预期体验。

商家提供的产品、服务，如果超出消费者期望值，就会让他们兴奋、尖叫，给他们带去超预期体验，使其欲罢不能，以致流连忘返。

案例：三只松鼠，在电商细分领域创建小品类品牌，成功引爆小品类市场。

◎差异化竞争：打造差异化竞争优势，在小品类市场宣告自己的存在，是小而美零售打造爆品的必由之路。

◎小，意味着更容易聚焦，针对小品类市场做减法，集中所有资源于一个突破点，更容易引爆市场，实现小而美零售。

◎满足个性化需求。

爆品的真正意义并不在于做出爆品，而是让消费者坚信你的产品就是爆品。如何才能实现？最好的策略是研究消费者需求，满足他们的个性化需求，力争做到抢占消费者的心智资源。

第三章

痛点思维

一、商家思维 VS 用户思维

麦肯锡公司研究发现，在2010年，中国82%的城镇人口的收入仅能满足基本生活需求，到2020年，这一比例将会降低至36%。随着越来越多的中国人跻身中产阶层，拥有更多可支配收入的主流消费者将由总人群的6%升至51%。

过往30年来，中国社会消费发展经历了三个发展阶段：

第一阶段：20世纪90年代中后期，首批企业家、企业主崛起，出现第一批具有可支配收入的高收入群体。

第二阶段：2000年至2010年，首次出现城镇化的大规模消费，大批城市中产阶层出现，拥有更多可支配收入的群体从沿海城市蔓延至二、三线城市。

第三阶段，2010年至2015年，超级消费者时代到来。如今在中国，人人都是消费者。

当今的中国已经是一个庞大的市场，《中国的超级消费者》一书的合著者迈克尔·扎克尔认为，所有企业都要为抢占这片市场做好准备工作，即使是一些小微企业也可从中获得收益。

我们正处于迈克尔·扎克尔所描述的“超级用户时代”，这个时代驱动商家运营和营销实践的不再是公司，而是用户。

消费的权力天平已经倾斜，消费者主权时代来临。

消费者主权（Consumer Paramountcy）并不是一个新概念，它最早出现于现代经济学之父亚当·斯密的《国富论》中，1974年诺贝尔经济学奖得主哈耶克（Friedrich A. Hayek）曾提出“消费者主权理论”。

消费者主权理论诠释的是市场上消费者和商家关系的一个概念，消费者通过其消费行为本身来宣示个人意愿和消费偏好，这种行为就是消费者主权。换言之，消费者带着自己的意愿和偏好去选择所需要的产品和服务，于是，消费者的这些意愿和偏好信息就通过市场传递给了商家。

消费者主权时代，消费者的权力主要表现在（见图3－1）：

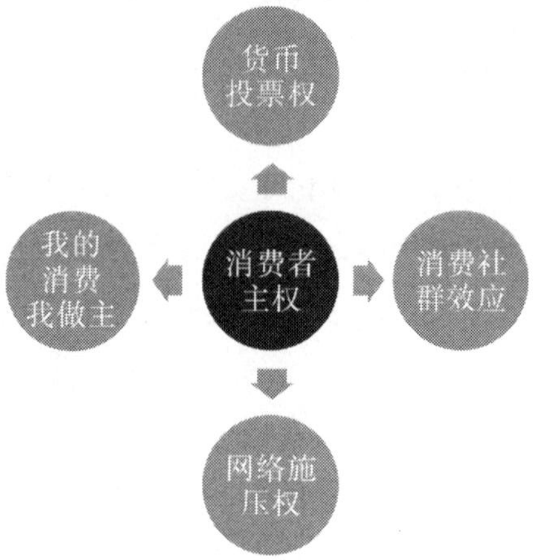

图3－1　消费者主权的四种表现

1. 我的消费我做主

在工业文明时代，消费者明明需要五颜六色的汽车，而福特公司却依然故我地只生产黑色的T型车；在计划经济时代，消费者明明有需求，却被各种形式限制消费；在后工业时代，消费者同样被动，每天都被灌输大量的垃圾促销信息，被各种商家“死缠烂打”，消费者的自主诉求被无视。

在信息不对称的时代，商家利用信息优势，无情蛮横地“绑架”了消费者的需求。

在如今的信息透明化时代，消费者拥有了充分的知情能力和自主选择权，也变得更聪明、更挑剔，他们不但能够破解信息不对称，随意搜寻自己感兴趣的消费信息，而且还能自己制造信息，予以传播。消费市场的主导权已经从生产商、零售商、服务商手中转移到了消费者手中，他们强调的是“我的消费我做主”。

《中共中央关于全面深化改革若干重大问题的决定》中，也将“消费者自由选择、自主消费”作为现代市场体系的一项重要衡量标志。

2. **货币投票权**

消费者主权可以比喻为：消费者在市场上每花 1 元就等于拥有了 1 张选票，消费者喜欢某种商品或服务，愿意花钱消费，就等于向产品或服务提供商投了 1 票，这就是消费者的“货币投票权”。商家根据消费者的货币投票倾向，来了解消费者的消费习惯和消费动向，并以此为依据，来选择适销对路的产品，来设计适合消费者偏好的服务模式。

3. **消费社群效应**

以往，消费者的购买行为通常是个人行为。现在，消费者更喜欢征求自己社交圈子里的好友、同事、亲友、同行或其他网友，听取他们的各类消费建议。每一个消费者都能通过网络和这些人相互交流，形成消费社群。

社群效应带来的集群影响力，远远大于个体消费者的影响力。社交网络已经从根本上改变了人们的购物方式，因为消费者在购买产品和服务时，越来越不是一个人在“单打独斗”，其背后有一群消费者，他们就是社交消费群。

4. **网络施压权**

过去，购买行为结束也意味着一次消费的完成，如今消费者会通过各种社交网络和沟通工具，来分享消费体验，满意时是“各种晒”，不满意时则是“各种吐槽”。

这些信息，可借助各种网络新媒体工具和沟通工具的分享转发机制，迅速发酵，快速传播。尤其是一些网络大 V 和网红的影响力更是不容小觑，他们的转发或评论能够形成二次传播效应，远远超出普通消费者的影响力。

由于消费者对消费体验的评论随时都会发生，保不准什么时候就出现一次“黑天鹅事件”①，让商家措手不及，带来严重的舆论危机。

消费者主权时代，刚性的消费需求越来越少，越来越多的消费情景是即时出现的，消费者更多是在“凭直觉”“看心情”来消费。

---

① 黑天鹅事件（Black swan event）是指非常难以预测，且不寻常的事件，通常会引起市场连锁负面反应甚至具有颠覆性。

未来，谁的零售更有趣、更好玩，谁的商品更新奇、更有特色，谁的服务更温情、体验更佳，谁就能吸引到更多的顾客，赢得竞争优势。

新零售，从本质上而言，是传统零售基于消费需求提升的一种产业升级。观察那些逆势中高速扩张的新零售成功样本，他们无非是死磕并做到了核心的一点：一切从消费者需求出发。

换句话说，他们成功地从商家思维切换到了用户思维。

从另一层面看，新零售可以看成是“互联网 + 传统零售”，而用户思维恰恰是互联网思维的第一核心，互联网思维引申出的其他思维都是用户思维在价值链不同层面的延展，比如雷军所谓的“专注、极致、口碑、快”就是用户思维的体现，周鸿祎所谓的“体验至上、免费策略”也是用户思维的体现。

一般而言，商业可分为两大环节：创造价值环节和传递价值环节。传递价值可以解构为三个方面：信息流、资金流、物流。互联网首先通过自身的高效率来缩短或者重构传递价值的商业价值链。

互联网为什么能够颠覆传统行业？因为从工具到思维，从产品到服务，从模式到人才，互联网企业都比传统产业的效率要高得多。互联网颠覆本质上是对传统产业核心要素的重新分配，是生产关系的重构，从而提升运营效率和结构效率。

这里所指的传统行业，是相对而言。谁是传统行业？用户需求得不到很好满足、效率低下、交易成本过高、用户体验不佳的行业都属于传统行业。

传统零售业借助互联网思维进行自我革新时，都要重新审视所处产业和自身价值链条的低效环节，并寻找提升的方法。

事实上，用户思维恰恰是传统零售业最为欠缺的，那些经营不善的线下零售业往往仍在固守商家思维、商品思维，而不去研究并设法满足用户日益升级的需求，那么在行业升级中被边缘化乃至淘汰，也就不难理解了。

用户思维关注的是活生生的“人”，是一个个鲜活的用户，而不再是“物”，不再只是产品。它的聚焦点由产品、市场转移到了用户身上，是切实围绕用户的核心需求和用户痛点，用心去满足用户需求、消解用户痛点的一种思维模式。在这种思维模式下，商家多维度的经营思路经过梳理后，最终被聚焦于用户本身。旨在以产品、服务、文化、精神和思想等各个层面，满足用户不断增长的个性化、差异化物质需求、文化需求和精神需求。用户思维也具有三个明显特性。

第一，人性化。用户思维是基于特定用户，直接体现对用户的关怀、友爱、信任、尊重及成全等人性化元素。

第二，个性化。满足用户的个性化、差异化、小众化需求，不再局限于大众化需求。

第三，多样化。从多个层面、以多种形态来满足用户需求。企业提供产品、服务仅仅是其中的一个层面、一个形态，只是物质的层面、服务的层面。用户思维的多样化特征更多地体现在对用户文化、情怀、精神和思想层面上的满足与关怀。

用户思维主导下的商家用户关系中，用户得到的不仅仅是物质层面上的满足，更有情怀、精神、文化和思想层面的满足。目的是让用户开心、快乐、愉悦，知识有收获、思想有提高、精神有升华，这是用户思维的真谛。

用户思维，强调体验至上。要致力于消除用户体验的真空地带，好的用户体验应该从细节开始，并贯穿于每一个细节，能够让用户有所感知，并且这种感知要超出用户预期，能给用户带来惊喜，贯穿品牌与用户沟通的整个链条。

未来的消费关系是：用户需要什么，商家就提供什么，这是一个逆向满足的过程。整个社会的供应关系被摧毁重建，供求关系将发生大逆转，以往的生产、营销、渠道和盈利模式都变化了，商家之间比拼的不再是商品和价格本身，而是谁能最先准确捕捉到用户的需求，以及满足用户需求的精准程度。

在这个买方市场时代，只有把目光真正从商品转向用户，商品才更具吸引力和生命力，商家才更易于打造爆品。

小而美的商家需要在价值链各个环节中都要“以用户为中心”来考量问题，从整个价值链的各个环节，建立起“以用户为中心”的企业文化，只有深度理解用户才能生存。

二、找准“痛点”，才能推出“爆品”

“消费者的痛点是什么，你是如何解决的?”

这是零售商家应牢记于心的一句话，它又可以分解为几个小问题：

第一，消费者的需求在哪里（消费者的痛点是什么）?

第二，如何满足消费者需求（如何消除消费者的痛点）?

第三，消费者是否会为你的解决方案买单（消费者是否愿意为消除痛点付费）?

找准痛点，才有助于爆品的打造。

解除消费者痛苦的生意要比愉悦消费者的生意更好做，因为消费者的需求更紧迫，更急促。更多时候，人们甚至没有选择的余地，没有说“不”的权力，只能选择“破财消灾”。

只要有人的地方，就有痛苦存在；只要有痛苦，就有商机存在。因为一旦有痛苦，人就需要相应的产品或服务来消除痛苦，就需要为产品或服务买单。

当消费者有痛苦，商家也发现了消费者的痛点并为其提供了去痛的产品组合，那么，是否意味着消费者就一定会购买呢?

未必!

为什么呢?

一个简单的问题：消费者为什么要付费呢?

答案是：因为他们有需求!

又问：消费者为什么有需求呢?

答案是：他们有问题或麻烦需要解决!

又问：有问题或麻烦，就一定会产生需求，产生购买吗?

答案是：不一定！一个简单的例子——某个人很胖，就一定有减肥的需求吗？就一定要花钱去减肥吗？当然是不一定。

又问：怎么样才能让消费者的烦恼转化为实际需求，付诸消费行动呢？

答案是：当不变的痛苦（现实烦恼）超过改变的痛苦（付出合理的成本，代价不要太高昂）的时候，潜在需求才能转化为实际购买。

零售商要明白这种逻辑——有了问题，消费者才会产生痛苦；痛苦足够大，才会产生需求；相应产品或服务的性价比要足够好，消费者才会最终去购买。

商家提供的产品、服务，其存在的底线就是消费者痛点，能否实现爆品效应，关键在于能否找到用户痛点并予以解决。

对于每天要接触大量消费者的商家来说，个别消费者的抱怨和痛点可能是小事。但对于每一个具体的消费者而言，却不是小事。

当无数个“小事”“小节”“小抱怨”“小痛点”累积到一定程度时，将会聚沙成塔，实现由量变到质变的逆转，到那时再意识到问题的严重性，就已经为时太晚了。

聪明的应对之策是，对于消费者的抱怨和痛点，进行持续的修补与改善，精进产品，精进服务，优化消费者体验。

痛点往往是现实中困扰消费者的问题或者是商家可以改进提升的一些点，商家通过创新可以大大提升消费者体验，让消费者变痛为爽。

稻盛和夫先生在《六项精进》一书中提出了“六项精进”（见图3－2）——

图3－2　六项精进

这就是所谓的“六项精进”。实体店经营者学习运用痛点思维，同样需要“六项精进”——

（1）跟自己死磕（死磕产品、服务、用户体验），付出不亚于任何人的努力；

（2）不断突破自己的恐惧、胆怯，锐意进取，学习新思维；

（3）永不松懈对产品、服务品质的追求；

（4）致力于提供更优质的服务；

（5）在消费者体验提升上渐行渐远；

（6）每日换位思考，研究消费者的不便、烦恼、痛点，设法去改进，精进，精进，再精进。

以这种心态去打造小而美零售，去销售产品，去提供服务，去满足消费者日益挑剔的需求，又怎么可能会被颠覆？

比如，某个网店，某个线下商家——

如果他们是销售产品的，他们切中了用户痛点，提供了比竞争对手性价比更高的产品，提供了让消费者尖叫的产品；

如果他们是做服务的，他们针对现有行业中的用户烦恼，优化了服务体验，让消费者流连忘返，乐于分享自己的愉快消费过程，口碑相传；

……

我相信如果他们做到了诸如此类的痛点式经营，他们的成功一定是水到渠成、自然而然，其口碑传播一定是炸裂式的。

三、挖掘客户需求，为用户画像

零售商要直接面对消费者，需要换位思考，站在消费者的角度去考虑问题，去探究他们的心理需求，而不是站在自己的立场上想当然地去判断。

对这个问题，管理大师德鲁克早在1954年出版的著作《管理的实践》中，就进行了提醒，“企业认为自己的产品是什么，并不是最重要的。特别是它对于企业的未来、成败也不是那么重要。顾客认为他买的是什么以及他心中的‘价值’是什么，这才是最关键的。这也将决定一家企业会是什么样的企业、生产的产品是什么以及企业会不会成功”。

1964年，德鲁克在另一本著作《成果管理》中再次谈到这个问题，“企业内部人士对于顾客及市场的认知有可能是错的，因为只有顾客才真正了解自己及市场。商家只有通过询问、观察及了解顾客的行为，才能够找出顾客是谁、顾客如何购买、如何使用买来的产品、什么是顾客的期望，以及顾客的价值观是什么等”。

是时候把目光投向消费者了，作为直接面对消费者的行业，若不去深入研究消费者心理、揣摩消费者需求，于情于理都讲不通。

大数据时代，精准把控消费者需求有了一个最佳途径——用户画像。

互联网大数据对零售商家和消费者行为产生了深刻的改变和重塑，对商家而言，最大的利好消息莫过于消费者的一切消费行为在商家面前都将是“透明化”的，商家今后专注的焦点在于如何借助大数据手段为可视、可控的消费者进行画像，以挖掘消费者潜在的需求信息和潜藏的商业价值。

交互设计之父阿兰·库珀（Alan Cooper）最早提出了用户画像（persona）的概念，在他看来，“用户画像是真实用户的虚拟代表，是建立在一系列真实数据之上的目标用户模型”。简单来讲，即商家通过对用户各方面信息与数据的收集，并将之整合为一个具有独特气质和鲜明个性的画像。

商家通过收集到的用户线上线下数据，就可对用户的个体概况、消费能力、消费习惯、消费喜好、消费内容、消费层次、消费渠道、消费频率等进行多维角度的建模，实现对每一个用户的画像。

为用户画像的核心工作是为用户打上各种各样的标签，每一个标签都是特定用户相应个性特征和消费特征的高度总结，如性别、年龄、婚姻、消费习惯和消费偏好等，将所有用户标签整合在一起，呈现的就是用户画像了（见图3－3）。

图3－3　某女性用户画像

为用户画像，需经过三个步骤：

1. 收集信息并分类

数据收集过程不再赘述，对于收集到的信息要划分为两种类型：一种是客观数据，即关于用户的相对稳定的信息，比如性别、地域、职业、年龄等；另一种是动态数据，即用户的行为数据，比如浏览网页、搜索商品、光顾店铺、消费经历、售后互动、消费等级变动等情况。

2. 分析数据，贴上标签

通过对特定用户相关数据的分析及判定，为分类数据贴上相应的标签及评定相应的指数，标签表示用户的兴趣、偏好、需求等，指数则用来表示用户的兴趣程度、需求程度、购买概率等。

关于反映用户标签的相关信息收集，由于线上渠道收集起来比较简单，这里重点谈一下线下渠道的标签分类（见表3－1），以便收集。

表3－1　线下门店数据标签类型

标签类别	具体项目
基础性标签	姓名、手机号码、年龄、居住地、工作地点、公司与家庭生活、朋友圈、性格等基本信息
消费能力标签	购买力、消费等级、累计消费金额、消费频率、消费进度等
行为偏好标签	进店时段、访问方式、品类偏好、品牌偏好等
消费行为标签	购物偏好、购物时段、偏好品牌等
用户服务标签	用户会员等级、评价等级、投诉记录、退换货信息等

3. 为用户建模

即借助时间、地点、人物三个维度，来阐明什么用户在什么时间什么地点做了什么事，或用来预测将来什么用户会在什么地点什么时间做什么事。

最后，需要特别提醒的是，根据我国工信部规定，商家要在征得用户授权、保障用户隐私安全不泄露的前提下，合理、合法地收集、使用消费者个人信息，商家进行用户画像时，务必要注意做好用户隐私信息的保护和应用授权，确保用户隐私不泄露，做到用户数据使用的安全、合法。

四、利用小数据，挖掘客户痛点

如何发现消费者的痛点?

第一步：找到典型用户

任何商家往往都有海量的潜在用户，去研究每一个用户，逐个考察用户的痛点和需求不太现实。一个行之有效的方法是找出有代表性的典型用户，将痛点集中到典型用户的小数据上。

比如，小米选择的典型用户是发烧友，在进行产品设计和用户体验优化时，重点考虑对产品有着重度研究的发烧友的需求，这样既能够给发烧友带来深度体验，同时又能满足普通小白用户的基本需求。

如何找到典型用户呢?

交互设计之父阿兰·库珀（Alan Cooper）早前提出了一个用户画像（Persona）的概念，在他看来，“Personas are a concrete representation of target users”。意思是：用户画像是真实用户的虚拟代表。我们此处所言的典型用户即是真实用户的虚拟代表，是建立在一系列真实数据之上的目标用户模型（见图3－4），也可以是真实的用户代表，比如

图3－4　真实用户虚拟代表（典型用户）的特性

小米的发烧友。

为典型用户画像，应包含以下图中的元素（见图3-5）。

图3-5 典型用户的信息刻画

第二步：识别典型用户痛点

典型用户的需求（痛点）通常会用三种形式表达出来——意图、语言和行为（见图3-6）。

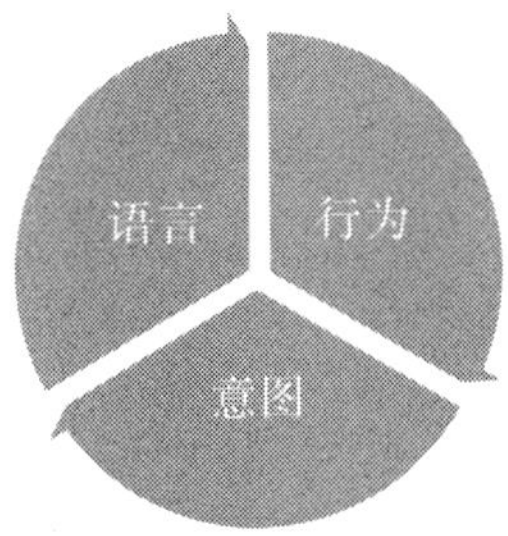

图3-6 典型用户需求的表现形式

举例来说：

小孩子饿了，为了表明这个意图，他可能会说“我饿了，想吃点东西”，也可能直接说出“我想吃汉堡”，也许什么都不说，自己直接找到某种食物，拿来就吃。

假设小孩子是我们的用户，我们要做的就是根据以上信息找到他的痛点和需求点，给他提供合适的食物。

当他什么都不说，抓到东西就吃时，需求最容易满足。

当他说“我要吃点东西”时，如果给他提供了面包，他通常会有三种反应：很满意抓住就吃；很排斥，因为他其实想吃别的东西；虽然不情愿，但还是吃了，不过心里很不高兴。

当他说“我想吃汉堡”时，如果能直接满足他的需求，他就会很满意，否则，他就会不高兴。

从这个小例子可以看出，用户表面的语言和意图，有时反映的并不是他们的真实需求，特别是中国用户受传统中庸哲学的影响，往往比较含蓄，通常很少会直接、准确地说出自己内心的真实想法。

而行为则不然，人的行为往往是内心世界的反映，往往难以掩饰、作假，通过仔细观察研究用户的行为，再配合以用户的意图和语言，能够更好地识别他们的痛点。

第三步：对典型用户进行深度访谈

对典型用户，要进行深度访谈，要面对面地坐下来，去了解用户对产品的心理预期、使用习惯、使用困惑，从中提炼出用户的共性痛点。

1998 年，史玉柱向朋友借了 50 万元，开始运作脑白金。由于资金有限，史玉柱将启动市场的第一站放在了江阴市。进入江阴市场之前，史玉柱做过一次著名的“江阴调查”。

这次调查，史玉柱没有采取大军团作战的形式，而是亲自进行。他戴着墨镜走村串镇，挨家挨户去访问潜在客户。

白天年轻人都出去工作了，在家的都是些老年人。因此，史玉柱一去，他们都感到特别高兴，史玉柱就搬个板凳坐在院子里跟他们聊天。

在看似漫无边际的聊天中，史玉柱总会有意无意地抛出以下问题：

“您吃过保健品吗？”

“如果可以有效地改善睡眠，您需要吗？”

“可以调理肠道、通便的产品，对您有用吗？”

“可以增强精力的呢？”

“价格如何，您愿不愿意使用它呢？”

在面对这些问题时，那些老人往往都会说："你说的这种保健品我非常想吃，但我舍不得买啊。我等着我的孩子给我买!"

史玉柱接着问："那您吃完保健品后一般怎么让孩子们买呢?"

答案是他们往往不好意思直接告诉儿子，而是把保健品的包装盒放在显眼的地方，对他们进行暗示。

在脑白金正式上市前，史玉柱与300位潜在的消费者进行了深入的交流，对市场中可能遇到的各种问题和用户痛点都进行了详尽的了解。史玉柱心里有底了，在公司他信心十足地对大家说："行了，我们有救了。脑白金这个产品年销售额很快就能做到10个亿。"

这种身体力行的现场走访，让史玉柱准确地把控住了用户的深层次痛点与诉求，在此基础上才产生了后来那句家喻户晓的广告词，"今年过节不收礼，收礼只收脑白金"。这句广告词曾经被整整播放了10年之久，为脑白金累计带来了100多亿元的销售额。

用户访谈的重点应放在用户个人的痛点而不是社会的共同价值观上，应放在同用户个人深切相关的问题、困扰上，而不是一般的生活方式上。

在做用户访谈时，访谈人员应当做到：

（1）避免表现自己的优越感和高高在上，以免让用户产生抵触心理；

（2）想方设法让被访者处于最放松、最自然的状态，让其愿意倾诉衷肠；

（3）做到超脱并客观，但又不失风度和人情味；

（4）以提供信息的方式进行提问；

（5）提出开放性的问题，避免用户只是简单给出"是或不是""知道或不知道"之类的回答；

（6）做好引导，以刺探被访人的内心。

五、找准行业“痛点”，提炼产品“卖点”

如今，空白市场、蓝海市场越来越少。

等待商家去发掘的更多的是夹缝市场、细分市场、精众市场。能捕捉到这些商机，精耕细作某一领域，专注某一个痛点，由于中国人口基数庞大，那么也会分切到一块诱人的蛋糕，成就小而美的事业。

在消费者更分散、消费场所更分散、消费途径更分散的去中心时代，在由众多对手参与竞争的红海市场中，痛点思维可帮助商家有效地找准行业痛点，发现用户需求，提炼产品卖点，进行高效而精准的营销传播，直击用户痛点，挠中用户痒点，戳中用户兴奋点，使之由潜在用户变为现实用户，从而找到蓝海市场，规避竞争。

如何发现行业痛点?

进入某个行业，不断积累，不断提升，乐于观察，乐于研究，随着经验越来越丰富，专业知识越来越深入，对各个环节烂熟于心，对用户越来越了解，发现新痛点（需求）的眼光也会越来越“毒辣”……积累到一定程度之后，必然实现由量变到质变的跨越，发现红海市场中的用户痛点和机会。

借用优酷 CEO 古永锵说过的一句话，就是：“潜心积累，水到渠成!”

1. 找利益点

《礼记·坊记》有句话叫作：“子云：‘君子贵人而贱己，先人而后己。’”

先人后己，先去考虑能解决用户什么痛点，能帮助用户解决什么问题和麻烦，能给用户带来什么好处和价值。

将这些问题回答清楚，经营思路和商业模式也就清晰了，盈利只是迟早的事。

谷歌公司董事长施密特告诫那些处于创业阶段的人：钱真的不重要。“不要花太多心思去想如何赚钱”，因为想法在这个行业中才是真正值钱的筹码。他说：“一个好的想法，可能值数百万美元，而一个对的想法，就可以帮你赢得人们，赢得人才的认可与支持，谷歌就是这样的例子。许多优秀的人才加盟谷歌是因为他们相信谷歌是对的，在谷歌工作可以实现梦想。”

经商创业是为了什么？相信99.99%的人会回答：赚钱。

这个答案无可厚非，市场竞争的极致决定商家必须要赚钱，否则就无法生存，会被市场淘汰，松下幸之助更是说“企业不赚钱就是犯罪”。

想赚钱！没错，但是小而美商家的目光不能仅仅局限于为自己赚钱上，更多考虑的应该是自己的商业模式，能为用户带去什么价值，只要用户认可，盈利是迟早的事。

2. 找痒点

如果说痛点对应的是消费者必须要尽快解决的问题，那么痒点就是消费者心目中——“想要”解决的问题、“想要”得到的商品、“想要”享受的服务。

当然，并非一定要得到，但他们一旦听说、看到这样的产品和服务，心里就痒痒，就特别感兴趣，特别向往，渴望拥有，渴望去享用。

比如：如今手机成了一种必需品，每个人都能买得起手机，但不是每个消费者都有能力购买苹果手机。但他们也十分渴望拥有一部苹果手机，一想起那一流的工业设计，一看到那赏心悦目的外观，一体会那超酷的用户体验，甚至一感知苹果的品牌，心中就激动万分，哪怕省吃俭用几个月，哪怕去“卖肾”，也要换取一部苹果手机。

人们常说“不痛不痒没感觉”，做生意也是一样的道理。如果不能抓住用户的痛点，给他们止痛，也不能挠中他们的痒点，满足他们心中欲望的话，就很难让他们产生购买的冲动，更难让他们付诸购买行动。

3. **找兴奋点**

兴奋点即产品的差异化卖点，是产品超出用户期望的增加价值，简单地说就是和同类产品相比，你的产品所体现的差异化特色。只要将这些差异化特色、增加值呈现出来，一下子就能抓住用户的兴奋点，让他们热血沸腾，迫不及待去购买。

不论是线上商家，还是线下店面，只要推出“满一百减三十”“买一斤送半斤”的促销方案，消费者就会纷纷下单，线下店面的消费者则常会排起长长的队伍。不促销的情况下，则鲜见有这么多人购买。

我猜测，很多人甚至都忽略了商品单价的变化，而只是简单被促销信息所吸引。

有便宜，不占白不占！

这是大众的一种消费心态，是用户希望“少花钱多办事”这一消费观的具体表现，是对性价比永无止境的追求。消费者认为性价比越高越好，商家提供的产品和服务最好是免费，不需要自己掏腰包。

能满足消费者的这类消费心理，就等于刺激到了他们的兴奋点。

用户的痛点、痒点、兴奋点是任何一个商业模式的根本立足点，是小而美商业的聚焦点。抓痛点，挠痒点，放大兴奋点，就成了新常态下小而美商家需要解决的核心问题。

要想能准确地找到用户的痛点、痒点和兴奋点，需要做好以下几项工作：

1. **对自身产品和服务烂熟于心**

要真正了解产品的构成、性能、优势、劣势等所有细节，不能简单说“我的产品是最好的”“我的产品是独一无二的”等根本没有明确产品特性的语言，必须给用户一个可信的产品特性介绍，或者是直接拿数据说话。

2. **充分了解竞争对手的产品和服务**

不仅要将自己的产品彻底吃透，还要了解主要竞品的特性，同自己的产品做一个深度对比，熟知各自的优势、劣势。

3. 充分了解用户对行业、企业等方面的看法或认可度

了解用户对行业、企业、品牌、价格、服务、体验等方面的综合态度，综合分析自身所处的地位、不足，思考如何改进。

4. 详细解读用户消费心理

除了采用常规的市场调研、用户访谈等手段了解用户消费心理外，还可以将自己作为超级用户，换位思考，设身处地体验一下自身产品、服务的整个消费流程，细心体察消费心理。

六、让用户变痛为爽

微信之父张小龙有一个观点——“很多大公司能够过技术这一关，但他们缺乏的是艺术，缺乏的是哲学层面上的思考，因此产品让用户感觉不到爽。”

在张小龙看来，做产品需要去研究人心，而不是去研究一个产品的逻辑。因为消费者不会过多去关注产品逻辑，他们想要的只是一种很爽的感觉体验。

让用户爽，是小而美商家爆品思维的终极目的，它事关用户体验和口碑。因为，用户感觉到爽，才会有成交；用户感觉到爽，才会重复消费；用户感觉到爽，才会口碑相传。

如何让用户感觉到爽呢？有两个切入点：

1. 愉悦点

愉悦的体验比如说恋爱、游戏、升学、结婚、升职、成功、发财等，和人的痛苦体验比如伤痛、失败、悔恨、穷困等，共同构成了丰富多彩的人生。而人类行为的内在驱动力往往是为了追求一些更好的体验，换句话说，以愉悦点为核心的需求，其黏性实际上要比大家想象中的更大。

这就是为什么有人可以一款网游玩十多年，游戏玩家其实是在游戏世界里面追求一种愿望，追求满足，追求愉悦，寻找快乐和同伴。

对此，《史玉柱营销自述》中有一番深刻的描述：

> 为什么愿意花几百万（玩网游）?
>
> 因为不玩你不知道。
>
> 在虚拟世界里，现实世界的人无法理解。在那个世界里面，他有他的荣耀，他有他的社会关系，他在那里面有自己的太太，有自己的

房子，这个太太是人，不是机器。然后他有自己的家，里面也能布置得很好。

如果太太很贤惠的话，这个地方挂一幅油画，把席梦思床搞得很漂亮；然后在那个国家里面，如果他的能量强，他可以当国王，当了国王可以任命宰相，可以任命大将军；如果说隔壁哪个国家来我们边境侵扰了，我们要教训他，他在游戏里面吼一声，千军万马就跟在他后面，拿着刀就往前冲；他的那种成就感，其实我觉得不能说就一定是负面的，它是现实中无法体验到的那种荣耀、那种快感。

所以作为一种娱乐，有人愿意花这个钱买这种享受。

史玉柱将用户从游戏中获得快感和享受的细节描写得堪称是淋漓尽致。

愉悦点就是想方设法去搔到用户的痒处，让用户爽，这样就会最大限度地产生持续性的消费和持久的黏性，因为没有人会拒绝让自己变得更加舒服。

2. 痛点

锦上添花不如雪中送炭，据统计，人们逃避痛苦的动力是追求快乐的4倍。所以让别人爽的第一步就是解决别人的痛苦或者别让用户痛苦，让用户脱离痛苦的程度和速度将决定用户爽的程度。

这种爽的感觉是一种心理的体验。要带给用户实际价值，让用户感到高兴、感到新奇、感到舒服、感觉占了便宜、感觉高人一等、感觉到希望、感觉到问题马上就被解决了、感觉到痛苦马上消失了，产生一种类似看电影时的带入感，一种生活就要发生巨大转变的幻觉。

用户的痛点和爽点往往成正比，因此，商家要设法将痛点转变为爽点。

七、不要把梳子卖给和尚

在信誉楼百货，有一套独特的“退货哲学”。顾客买的商品，不论是衣服，还是鞋子，包括超市的食品、日用品，都随时可以退货。在信誉楼，甚至出现过这样的案例，有顾客花几百元买了一双鞋子，穿了一个多月还是感觉磨脚，无奈就拿回去退货，结果竟然也给退了。

我也有过这种退货的亲身经历，一次陪朋友去退一件衣服，客服人员只是简单查看一下，态度非常好，当即表示可以退款，去收银台结算临走的时候，他们竟然还送了一包抽纸。

超出顾客期望值，让人受宠若惊。

我相信退货的顾客终归是少数，即使有退货，对企业收入的影响也是微乎其微。但是这种退货哲学所带给顾客的信任感、放心感、安全感，是无价的。

顾客和商家之间的信任障碍，由此被疏通，一通百通。

顾客和商家之间建立了一种信任感，顾客就可以放心消费，就可以大胆进行冲动消费而不用再后悔，也不用再担心上当受骗。

从这一意义上讲，产品（服务）的本质就是解决顾客的痛点、满足顾客的需求，是一种帮助用户弥补、恢复、改善“现实与期望之间落差”的解决方案。

进一步说，无论你是卖产品还是卖服务，都要弄清楚一个重要问题，顾客有什么急需解决的问题和麻烦，即顾客为什么选择你的产品。这是产品的本质所在。

如何才能让顾客选择你的产品，而不去选择竞争对手的产品？这是成功营销的根本所在。

在一些营销类书籍和一些销售培训课堂上，我们经常可以看到、听到关于“把梳子卖给和尚”的故事，他们甚至主张“将东西卖给任何人”，对这些观念，都是从销售方的角度来看。

这里我要建议大家的是，在这个问题上销售人员要学会换位思考，多替客户着想。也许，你可以凭借自己的三寸不烂之舌和忽悠功夫，让和尚购买你的梳子，店员也可以说服顾客购买他们本不需要的商品，不过，一旦等他们回过神来，发现自己被忽悠时，就会感觉上当受骗，甚至会因此而恼羞成怒。那这样的成交，必然也就成了一锤子买卖，严重的还会招致负面口碑，这种情况显然不是有追求的商家愿意看到的。

一个朋友在某二线城市开了个家电卖场，前几年，他一直认为顾客到家电卖场购物，关心的第一是价格，第二是服务，第三是质量。后来感觉自己的判断有偏差，于是花了30万元请一家市场调查公司进行调查研究，结果发现之前的认知确实错了。真正左右顾客是否来家电卖场买东西的是顾客对员工的信任度，只要顾客信任员工就行了，其他的都是次要的。

围绕顾客，把握顾客的需求，重构生意模式，去满足他们未被满足的需求，解决相互间信任的问题，核心是要解决顾客心中的六大疑问——

第一，你是谁？

第二，你要卖给我什么？

第三，你卖的东西对我有什么好处？

第四，怎么证明你在店里的描述是真实的？

第五，我为什么要在你这里买？

第六，我为什么要现在买？

只要扫除了顾客心中的这些疑问，那么，事情就成了。

新零售爆品思维：关于痛点思维

◎消费者权力转移，促使商家从商家思维切换到用户思维。

用户思维关注的是活生生的“人”，是一个个鲜活的用户，是切实围绕用户的核心需求和用户痛点，用心去满足用户需求、消解用户痛点的一种思维模式。

◎找准用户“痛点”，才能推出“爆品”。

针对用户的抱怨和痛点，进行持续的修补与改善，精进产品，精进服务，优化用户体验，让用户变痛为爽。

◎挖掘客户需求，为用户画像。

商家只有通过询问、观察及了解用户的行为，才能够找出用户是谁，用户如何购买、如何使用买来的产品，哪些是用户的期望。

◎利用小数据，挖掘用户痛点。

案例：史玉柱的江阴调查，是挖掘用户痛点的典型样本。

◎找准行业“痛点”，提炼产品“卖点”。

借助痛点思维可有效地找准行业痛点，发现用户需求，提炼产品卖点，进行高效而精准的营销传播，直击用户痛点，挠中用户痒点，戳中用户兴奋点。

法则一，找利益点：多考虑自己的产品或服务能解决用户什么痛点，能解决什么问题和麻烦，能给用户带来什么好处和价值。

法则二，找痒点：痒点就是消费者心目中“想要”解决的问题、“想要”得到的商品、“想要”享受的服务。

法则三，找兴奋点：将自身的差异化特色、增加值呈现出来，一下子就能抓住用户的兴奋点，让他们热血沸腾，迫不及待去购买产品。

第四章

爆品的本质是产品主义

一、“产品主义”的崛起

爆品的本质是产品为王。

互联网思维、“互联网+”、“实体店+”、O2O等新概念、新思维开始越来越深入地影响零售业，但对商家而言，决定用户体验的根本仍在于他们所销售的商品、提供的服务，如果没有过硬的产品、服务作为支撑，再花哨的概念、再炫的体验，也难以持久，所谓的互联网思维改变不了这一现实。

褚时健打造的“褚橙”，有人称之为“互联网橙子”。

深入研究过“褚橙”案例的北京大学光华管理学院教授黄铁鹰却不赞同这种观点，他还拿出了数据为证：2013年，“褚橙”在网络渠道“未来生活网”卖掉的橙子只有1500吨，在线下传统水果批销渠道则销售了8500吨。事情的真相是：互联网卖了个小头，弄了个大声音；传统渠道卖了个大头，弄了个小声音。

在黄铁鹰看来，“现在世界是平的，二流产品在美国、在非洲是二流，在中国也是二流，互联网解决不了怎么把二流变一流的问题，这点我是认准了。”他笃定：“互联网解决不了土壤问题，解决不了食品安全质量问题，解决不了马桶盖的品质问题，我们现在最挠头的很多问题都不是互联网带来的，根本不是。”

黄铁鹰还指出：“两三年前我就在说，别再总拿互联网说事了。这些年做服装的老板都很难受，关店的关店，处理库存的处理库存，一片电商‘狼来了’的风声鹤唳。可我跟他们说，你们不会不知道，优衣库、ZARA、H&M、GAP和无印良品，这五家店每年都在中国新增地面店，它们怎么没受电商影响？我说咱们都是做衣服的，谁也别吹牛，咱们一起到店里看看，你的面料、款式、剪裁、做工、定价、陈列，跟它们一样吗？

你们那些货跟它们不一样，搞什么互联网也没用啊。”①

互联网不能让二流变一流，很多时候我们看到一个商家做一个产品或服务，在还未做到位、没有研究透的情况下，就用互联网营销迅速地推广。那么，它可能会死得更快。如果产品或服务做不好，也许还能生存三五年，但互联网会无限放大它的缺陷和不足，反而会加速它的死亡。

互联网同蒸汽和电力一样，是企业、商家的一种生产、运营工具，当所有企业、商家都掌握了互联网这一工具，都完成了互联网转型，那么商业将会重归本质——回到对产品和服务的精进上来。

百度总裁张亚勤曾谈道：“真正商业的本质并没有改变，我听说有互联网餐馆，互联网餐馆如果菜不好吃，服务不好，卫生不好，环境不好，怎么互联网思维都没有用。老潘房子建不好，设计再漂亮，再会营销还是卖不出去，最终还是质量和服务都很重要。”②

经纬创投合伙人左凌烨也有一个观点：一个好的企业服务公司几乎不可能被颠覆。

对于各类零售业态而言也是如此，如果在产品或服务上有独到之处，那么，也同样不可能被颠覆。

一个在日本的朋友，给我寄来了几块“原麦山丘”的面包，非常好吃，让人上瘾。我以为是她亲自做的，后来才知道这是当地的一家知名烘焙品牌。而她在工作之余，顺便往国内做这个品牌面包的跨国代购。

代购一个“原麦山丘”，加价 3 元，运费另计，对她而言，只是顺道而已，她每天上下班都经过“原麦山丘”，每次都是提前下单，店里烤好了过去取，然后通知快递公司人员来取件，就发往国内了。

生意怎么样？大部分都是微信用户下单。每天能赚个三五百元，也相当可观了。让人吃惊的是，顾客的回头率几乎是百分之百。

我第一次听说竟然还有跨国代购面包的，她不以为然，道：“那些喜

---

① 黄铁鹰：《褚橙你也学不会》，机械工业出版社，2015。

② 《跨界对话：互联网思维与商业的本质（文字实录）》，凤凰财经，2015 年 3 月 29 日。

欢吃烘焙的人是不在乎价钱的，只在乎口感。”

这就是把产品做到极致的威力，哪怕远隔重洋，也阻挡不了消费者的热情。

如此极致的产品，是小而美商家打造爆品的基本保障。

二、消费者为何只忠诚于价格

“忠诚是人们内心深处拥有的一种情感投入，不管环境因素如何变化，也不管市场上存在什么样的吸引顾客做出行为改变的促销措施，人们在这种情感投入的驱使下在未来不断地重复购买相同品牌或者相同品牌旗下的商品。”

这是营销专家理查德·奥利弗教授对于忠诚的描述。

在商业行为中，顾客忠诚度有四个类型层次（见表4-1）：

表4-1　顾客忠诚度的类型

忠诚度类型	描述
冲动型忠诚	基于意向，这类消费者购买决策过程比较简单，易受外界因素影响，尤其是价格促销。冲动型忠诚者，很轻易就会被竞争对手更优惠的价格所吸引
认知型忠诚	基于信息，比较理性。此类消费者更像一个产品专家，他们的购买行为是基于商品的功能特性、技术特性和性价比等综合信息。一旦市场上出现更好的产品，他们也乐于去了解、对比、尝试
情感型忠诚	基于偏好，消费者因为喜欢而购买，购买决策主要取决于消费者对企业和企业产品的态度。比如，哈雷摩托的发烧友会一直保持对哈雷摩托及其周边产品的强烈购买渴望
行为型忠诚	基于行动，消费者形成了一种购买惯性，哪怕需要付出一定精力，克服一些障碍，也要去购买喜好的产品，比如一些“果粉”为了购买苹果新发布的产品而甘愿彻夜排队

认知型忠诚和行为型忠诚要比冲动型忠诚和情感型忠诚更加理性。其中，冲动型忠诚的忠诚度最低，维系时间较短；行为型忠诚的忠诚度最

高，持续时间长，是最让企业和商家梦寐以求的忠诚度类型。

统计数据显示：商家发展一名新用户的成本是挽留老用户成本的3～10倍，向新顾客推销产品的成功率只有15%，向现有忠诚顾客推销产品的成功率则高达50%。

致力于提高客户忠诚度，是商业经营的重要辅助手段，在20世纪80年代，客户忠诚度计划被美国航空公司率先引入，此后，在金融、零售、电信、酒店等行业遍地开花。商家旨在通过忠诚度计划来吸引那些最有价值的忠诚客户（见图4－1）。

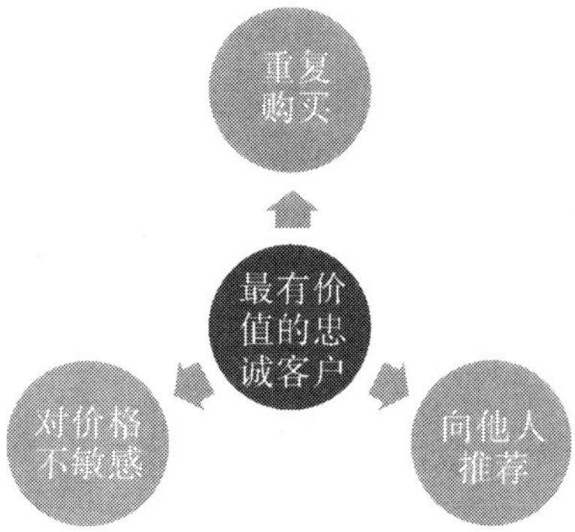

图4－1 最有价值的忠诚客户的衡量指标

国内消费者选择线上购物，基本还都停留在“冲动型忠诚”层面，消费者只对价格敏感，只忠于产品、忠于品牌（少数强势品牌，如耐克、苹果等）、忠于价格，而极少有人忠于电商平台、忠于商家。造成这种局面的因素在于以下几点：

1．频频打价格战

随着B2C竞争愈发激烈，加上国内网购人群普遍缺乏忠诚度，同时由于电商产品同质化严重，价格战就成为一种最直接的营销工具，成为电商营销的一种常态。

据了解，在2012年“双十一”“双十二”期间，国内十大B2C电商（天猫、京东、亚马逊中国、当当、苏宁易购、1号店、易讯、唯品会、凡客诚品、国美在线）纷纷开打价格战，促销商品覆盖率超过80%。

价格战能够带来短流量激增，但同时也会带来持续价格战、顾客丧失忠诚度的恶性循环。

2. 电商产品同质化严重

各大电商平台，经营产品同质化严重。以往，消费者的购物习惯是“买图书去当当，买电子产品去京东，买化妆品去聚美优品……”如今，这种界限早已经模糊，电商平台纷纷追求“大而全”，吸引顾客最有效的手段就只有价格战。同质化竞争带来的局面往往是，消费者想要购买一本书，极有可能会因为0.5元的差价就从当当转到京东。

而随着第三方比价网站的诞生，更是为消费者在进行网上购物中找到最便宜、最合理的商品价格提供了极大的便利，同时，也让电商苦不堪言。

3. “低价—劣质—低忠诚度”的恶性循环

被电商拿来进行价格促销的商品通常有两种：

一是过时的库存积压品，虽然质量没有太大问题，但款式相对过时。一家品牌企业的老总非常直白地表示，他们参加“双十一”主要目的是为了清库存。“为什么不拿新品做促销？主要是价格高，价格高消费者就不买账。”①

二是线上定制款，其款式虽然号称同专柜一样，但用料和专柜有很大差别，网上的款式原料成本相对较低。

此类商品当然难以达到消费者的期望值，无形中会破坏其购物体验，忠诚度更是无从谈起，这样就陷入一种恶性循环。

---

① 齐媛媛：《消费者为啥对品牌忠诚度不高?》，《半岛晨报》，2016年7月12日。

三、小而美商品定位的两种模式

商品是零售业的主要经营“内容”，商品力永远是零售业的核心竞争力，做好商品定位，对零售业的新零售转型及小而美定位至关重要。

根据菲利普·科特勒的定义，市场由一切具有特定的欲望和需求并且愿意和能够以交换来满足此欲望和需求的潜在顾客组成。

这就意味着，在更加透明的市场环境中，零售商不能再像往常一样，单方面对消费者进行产品信息、销售信息的灌输，而应深入消费者的内心，研究他们的消费观念。

在以移动互联网等新技术革命为标志的体验经济时代，消费环境、消费趋势以及消费者的消费观念都发生了深刻变化，消费者的消费观念除了表现在个性化、重体验上，还有一个明显的趋势——消费需求的两极化：一极是向上高消费、奢华消费；另一极则是向下低消费、实惠消费。

同以往相比，消费者变得更加务实、更加挑剔，在喜欢的产品和服务上，他们不惜代价，愿意付出高价。而在那些不太重要，对他们来说不痛不痒的产品消费门类上，他们宁愿一分钱不花。

进行趋低消费时，消费者会在同类、同品质、同级别产品中选择价格最低的商品。

拒绝中庸，拒绝妥协，于是，消费市场开始两极分化，呈现两个趋势：趋低消费和趋高消费。一方面，我们看到，高消费、奢侈消费呈跳跃式增长；另一方面，网络购物、平价购物也正在形成浪潮。

基于此，新零售的商品定位方式主要有：

第一，低品质、高价格。属欺瞒性定位，多是一锤子买卖，很难有回头客，随着信息的日渐透明和消费者变得越来越理性，这种生意模式的生存空间会越来越小。

第二，低品质，低价格。这种定位模式，针对的是低收入人群，有着庞大的用户基数，但随着顾客的日渐挑剔，唯有不断提升产品品质和服务质量，才能赢得更多的生存空间。

第三，高品质，低价格。零售商凭借高品质、低价格“爆款”产品、服务，能迅速撬开市场，聚拢一大批粉丝型消费者，在竞争惨烈的红海市场中杀出一片蓝海。比如，“好市多”和“名创优品”。

第四，高品质，高价格。我们提到消费者消费观念的两极化倾向，其中一极就是高消费、奢华消费。高消费对应的必然是高品质的产品和服务。

显然，在日趋理性的消费者面前，前两种商品定位模式必然会被淘汰，小而美零售商应深耕以下定位方向：

1. 微利模式

2008 年，全球金融危机爆发，日元贬值，以性价比高为卖点的丰田汽车反而卖得更火，利润比中国汽车行业总利润还高。丰田老总接受记者采访时却说，这不是好现象，因为他不希望让员工认为企业赚钱很容易，养成惰性，忘了初心。

丰田有句话讲得好，企业利润要像干毛巾里拧出水来。丰田公司有时甚至会主动消减利润，避免员工人心浮躁，不再专注于品质的精进，导致企业失去竞争力。

国内线下新零售的典范“名创优品”老总叶国富非常推崇日本企业家的这种微利经营哲学，他说：“日本企业几乎没人赚暴利，都讲微利。比如优衣库，一件羽绒服在中国卖 399 元，日本本土卖 349 元，日本人均收入是我们的五倍，相当于日本人 75 元买一件羽绒服，你能想象在中国花 70 元买件羽绒服吗？170 元都买不到。中国各种不合理的成本太高了！”

低成本、低价格、高品质的微利模式，需要胆魄，更需要一流的商品组织能力。

网易严选是互联网公司网易的一个新零售电商品牌，它的口号是“好的生活，没那么贵”，主打高品质低价格的商业模式，成了新电商的代表，网易严选的物美价廉是建立在其独特的 ODM（原始设计制造商）模式之上的。

所谓ODM（Original Design Manufacturer），即厂商根据客户对产品的外观设计要求与内部规格设计要求来生产各种不同价格、规格、形态的定制产品，贴的是客户的牌子，用的是自己的里子。网易严选挑选的ODM厂商都是大牌生产厂家，包括新秀丽、MUJI、COACH等知名品牌的制造商。

这种跳过中间环节的模式，既保障了商品品质，又大大降低了价格。如网易严选销售的MUJI制造商直供的29元拖鞋和20多元的毛巾、COACH制造商直供的59元名片夹和499元公文包等商品，都由于极高的性价比而吸引了大量消费者。

2. **高质高价模式**

消费者消费观念具有两极化倾向，其中一极就是高消费、奢华消费。高消费对应的必然是高品质的产品和服务。

就像德鲁克所说，“顾客购买的不是商品，而是商品所带给他们的满足感，商品只是满足感的一个载体”。

高端、极致的商品会让消费者的满足感无限放大，哪怕价值昂贵，人们仍然在所不惜，仍然会趋之若鹜。

叶剑英元帅有个小孙女名叫叶明子，是一名高级时装设计师，毕业于英国著名的中央圣马丁学院针织专业。

“名门之后+高级设计师”的头衔，让叶明子有着常人所不具备的先天优势，她也很懂得利用这种优势来打造自己的事业。叶明子在北京建国门外SOHO开了一家名为“Studio Regal”的定制服装零售店，Regal象征着“高雅、经典、独特”，在高端服装定制的细分领域，生意异常火爆。

叶明子提供了让消费者“膜拜”的产品，她对产品的要求几乎是尽善尽美，每一名顾客都是朋友私下介绍。她会将每一名顾客视为贵宾，接到订单后，并不急于为他们量身打造服饰，而是先花大量的时间跟顾客进行沟通，待彼此相当熟悉之后，再开始根据对方的气质、习性进行服装设计。

据悉，每一块布料从选线到花色叶明子都要亲自做，有时为了找到最合适的纽扣，她还会专门跑到香港去淘货。每个季度，叶明子设计的服装都不会超过30套，每件衣服的质量要求都近乎苛刻，精益求精，为顾客带去了无与伦比的消费体验。

这就是典型的“高品质，高价格”，是典型的小而美，但却让消费者趋之若鹜。这种高质高价的背后有其独特的支撑点（见图4－2）。

图4－2 “高品质、高价格”模式的支撑点

【案例】互联网思维打造的小而美产品——极致蛋糕

吴滋峰生于1980年，是一个连续创业者，前几次的成功创业，让他三十刚出头就实现了很多人梦寐以求的财务自由。

卖了之前的公司后，吴滋峰还想做点事儿，他给自己定下了项目筛选的三个标准：

首先，巨头不容易进入的行业，这样就不会被轻易颠覆；

其次，客单价和毛利率要高，要做的是持久的生意；

最后，有故事可讲，能进行故事营销。

寻来觅去，曾经同朋友合伙开过烘焙店的吴滋峰，发现做烘焙产品是一个理想的选择，几乎完全满足上述三个标准。

烘焙产品的客单价和毛利率之高，是业内公认的。好利来一个8寸的奶油蛋糕，要价就在168元，其成本充其量只要15～20元；一块售价20元的提拉米苏，成本可能只要1元，利润非常可观。

在互联网思维出现之前，这是一个典型的小而美行业，大家都遵守着行业规则，默默地赚钱。

2011 年，吴滋峰这个搅局者进入烘焙业。开始他只是做了一个网上销售平台，把上海所有的知名蛋糕品牌都放在上面销售，自己负责配送环节。半年之后这个模式被证明行不通，因为最核心的产品还是传统的，没能给顾客带去颠覆性的体验。

吴滋峰掉转船头，一个全新的用互联网思维打造的蛋糕品牌“极致蛋糕”应运而生，打造这个品牌吴滋峰充分借鉴了雷军的小米模式，在很大程度上也确实实现了雷军的互联网思维七字诀：“专注、极致、口碑、快”。

1. 专注

“极致蛋糕”不求大而全，只求“小而美”，只做“爆款”，每年只做 12 款“星座蛋糕”，这 12 款蛋糕分别对应着 12 个星座，并按星座的时间区间进行发售，也就是说，过了时限，就买不到之前星座的蛋糕了。

在每个星座月，“极致蛋糕”都会专心做好当月款的星座蛋糕，每款蛋糕都被做成供不应求的“爆款”。

2. 极致

“极致蛋糕”的极致是有目共睹的，例如，每年 3 月底到 4 月底是白羊月，于是就只卖白羊蛋糕。“极致蛋糕”还花一万多元的月薪聘请了一名星座师（有资格证书），来分析白羊座喜欢什么口味和包装，将白羊座人群的各种需求都融入其中。星座师给了吴滋峰很多宝贵的建议，例如白羊座切换到金牛座的标准时间是 4 月 20 日 12 点 17 分，于是“极致蛋糕”的网站就按这个标准时间切换，分秒不差，显得特别专业。

“极致蛋糕”专门聘请了香港上市公司克莉丝汀蛋糕的研发中坚 Vine 吴出任副总裁。Vine 吴是中国十大烘焙名师，曾带领过 500 人的烘焙团队。现在带领“极致蛋糕”20 人的团队做蛋糕产品。

“极致蛋糕”的包装做得堪称极致，很是大气，基本是向着 PRADA（意大利一个奢侈品牌）的包装标准看齐，还附送不锈钢刀叉，免运费。

这么极致的蛋糕，售价多少呢？只有 50 ~ 100 元，前期为了宣传造势，制作极其精美的白羊座蛋糕定价仅为 58 元（接近成本价），一下子就引爆了市场。

3. **口碑**

小米模式里很重要的一点是注重口碑，重视粉丝经济，“极致蛋糕”也很注重培养自己的忠实粉丝和分享型粉丝。除了寻常的社会化营销之外，“极致蛋糕”还会让粉丝参与决定下个月的新款样式，邀请粉丝试吃，以此来培养粉丝的主人翁意识，让他们主动为企业宣传造势。

“极致蛋糕”还采取了一个狠招：寻找100名死忠粉丝，然后培养他们，给他们灌输“极致蛋糕”的理念，甚至是无偿地“供养”他们，免费送他们蛋糕吃。这样做的目的当然不是为了赚钱，而是借助他们的社交网络影响力，去为“极致蛋糕”造势，营造良好的口碑。

4. **快**

“极致蛋糕”提供的是特殊产品，它的快更多反映在准时上。例如，如果有用户打算7点和朋友庆祝生日，“极致蛋糕”对配送员的要求是必须在6点半准时送达，太早太晚都不行。

当然，传统意义上的快，也是“极致蛋糕”的一个基本功。比如它有个概念叫“云配送”，主打的就是快，当用户在线订购蛋糕后，最快可以实现2小时送货到家。

“极致蛋糕”还模仿小米每天中午12时进行限时抢购，给消费者造成

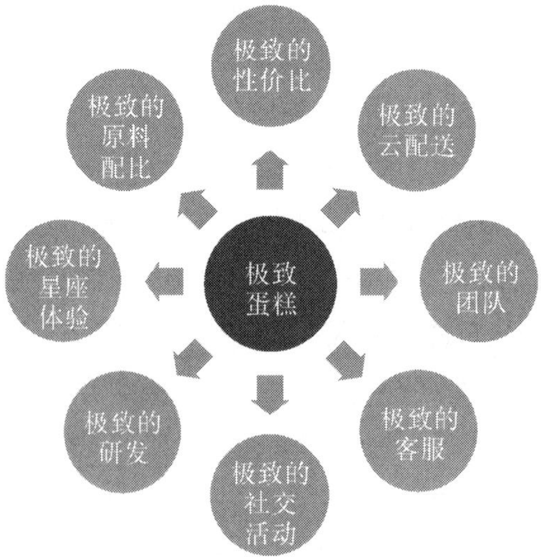

图4－3　让用户尖叫的“极致蛋糕”

一种紧迫感、短缺感。

正如“极致蛋糕”所宣称“极致的口味，极致的价格，极致的食材，只为极致的你”，他们用心打造的极致爆品，也获得了极致的回报。

“极致蛋糕”首款白羊座蛋糕，上市当月就卖疯了，实现了300万元的销售收入，全年下来收入高达8000万元。

在互联网时代，对于传统零售业，会有层出不穷的入侵者、挑战者、颠覆者，当他们集资本、思维、团队、经验优势于一体，对准某个细分领域，切下锋利一刀，给消费者带来极致的产品、服务以及消费体验时，你还能招架几时呢？

四、同款同价的全新的O2O商业模式

近年来，线下商业受电商冲击较大，线下实体店，之所以沦为电商的“试衣间”和“线下展厅”，根源就在于同款商品，线上线下不同价，线上价格往往要低于线下价格。消费者出于理性经济人的考虑，追求个人利益最大化，选择价格更实惠的网购，也就不难理解了。

同一品牌，同一种产品，线上与线下不同价的结果是，线上销售情况越火，则线下关店势头越猛。线上价格优势是制胜的关键因素，只要同款产品线下高于线上定价，那么实体店迟早会被电商整垮。

需要澄清的是，由于消费者并非专家，对产品的定位、生产工艺、用料等流程疏于了解，在很多时候，会将线上线下不同价的产品误认为是同一款。

此话怎讲？通俗地说，我们双眼所看到的“线上线下同款不同价”，未必就真的是同款。具体又有以下几种情况：

1. 线上高仿（或假货），线下正品，线上线下不同价

有过网购经历（尤其是淘宝）的买家都有过这种经历：某品牌服装，网络售价和商场专柜售价相差极其悬殊，专柜标价上千元的服装，网店只卖三四百元，只有专柜正品的三到四折。于是，消费者无不趋之若鹜，认为自己在网上捡到了大便宜。

前文我们已经分析过网店的成本构成，已经不亚于实体店。那么，这些便宜又正宗的“正价货品”，究竟是从哪里来的？

答案很简单！高仿货，或假货。

一个正品，一个仿冒，价格相差悬殊，也就合情合理了。只不过，这对于实体店似乎有些不公平。

网上销售的服装鞋帽类商品许多属于这种情况。

2. 线上线下看似同款，但不同价

随着网购的兴起，消费者被吸附到线上。所谓“审时度势，见机行事”，传统商家吃透了消费者的心理，顺势推出各种网络专供款产品。

网络专供，顾名思义，只供网络渠道销售。同实体商场、专柜供应款相比，从外观上，几乎识别不出来差异，“貌似”同款。但网络专供款，由于价格更低，虽然质量没问题，也属正品，但在用料上、功用上会有所缩水。

举个例子：

> 张女士在某电商网站看到一款某知名品牌的羊绒衫，售价只有商场专柜的30%，便抓住机会，一次性给父母买了3件。
>
> 结果，收到货之后发现手感跟商场专柜货品相差甚远，她仔细对比了一下，才发现专柜销售的羊绒衫羊绒含量为80%，而她购买到的网店“同款”羊绒含量只有35%。
>
> 这一发现让张女士感觉气愤不已，遂去找网店客服理论，对方倒也坦然，直白地表示：“这本来就是网络专供款嘛！要不然怎么可能会打3折？”

事实上，各大厂家设计“电商专供款”产品早已是公开的秘密，只不过很多消费者还被蒙在鼓里。

在大型家电领域，“差别供货”早已是公开的秘密。为了应付那些爱打价格战的电商，生产厂家就单独为电商渠道定制“专供机型”。

“同一个厂家生产的平板电视、冰箱、洗衣机等产品，供应给实体卖场和电商渠道的货并不一样。”一位在广州从事某品牌家电销售的资深人士透露：“即使是同一型号的产品，‘电商版’在外观设计、液晶屏类型、底座选材、能效等级上也都会有不小差距。”

在卫浴领域也是如此，TOTO卫浴商场实体店销售人员称：“你对比一下（线上线下产品价格），一个卖几百元，一个卖上千元，价格差距这么大，（产品）怎么会一样呢？”

汉斯格雅销售人员更是直接称：“网上的不要信。”

卫浴厂家的工作人员也证实了这一点，法恩莎卫浴事业部总经理方春表示：“我们天猫商城与线下产品线是不一样的，价格也有差异。在天猫上会推出一些电商专供的产品，这部分产品会比专卖店价格稍低。”

箭牌卫浴电商总监杜博也表示：“箭牌卫浴天猫旗舰店产品80%是网络特供，但是质量没问题，都是同一生产线生产的。”

线上与线下不同价的，原本就并非同款，又哪来的同价？这种情况下，线下实体店也被动做了冤大头。

3. 线上线下同款，但不同价

如果线上和线下无法做到同款同价，那么线下实体店一定会被电商整垮的。

这里的同款不同价，是真正意义上的同款，品牌、用料、工艺、批次完全相同，只是售价不同。

比如，同样是一本书，同样是正版，产品本身没有任何差异，在新华书店购买，需要原价，最多打个8折，而在当当网上，可能只需要7折、6折，甚至更低。

再比如，某款正品手机，线下实体店售价高于京东售价。

这些情况，就不能怪消费者投入电商的怀抱，实体店的“蛋糕”当然要被电商抢去。

反之，如果线上与线下渠道，能够做到同款同价，实体店就有可能崛起。

我关注过两个品牌，线下实体店做得比较成功。

一个是日本品牌“优衣库”，自2009年入驻天猫后，就一直坚持线上线下同款同价；另外一个是中国品牌“海澜之家”，也是奉行线上线下同款同价的经营策略。

目前来看，这种策略是成功的。两家企业线上渠道销量在迅速增加，与此同时，线下实体店也在逆势增长，不断增开新店。

当然，线上线下同款同价，说起来容易，实则背后会涉及错综复杂的利益纠葛，也事关品牌的运营水准。这是针对大型连锁品牌而言的，对于中小型实体商家，由于议价能力有限，更难以争取到“线上线下同款同价”的优厚待遇。

五、商品拜物教时代，匠人匠心做爆品

2016 年 3 月 5 日，李克强总理在第十二届全国人民代表大会第四次会议上做政府工作报告时提到："要鼓励企业开展个性化定制、柔性化生产，培育精益求精的工匠精神。"

这是"工匠精神"首次出现在政府的工作报告上。

为什么总理要如此郑重地倡导工匠精神?

答案很简单。因为中国企业和商家普遍缺乏工匠精神。据有关数据统计，截至 2012 年，寿命超过 200 年的企业，日本有 3146 家，居全球首位，德国有 837 家，荷兰有 222 家，法国有 196 家。他们长寿的秘诀就在于秉承着严谨的工匠精神治理企业。反观中国，百年企业为数甚少。

我们还注意到，在中国电子商务持续升温的当下，日本的线下实体商业不仅没有降温，还愈发表现出其价值感和生命力。

这种现象的背后，究竟是什么在支撑?

日本实体商业给人最深的印象就是专注，一家小小的寿司店可以经营 150 年，甚至 250 年，这在日本很常见。

日本的店铺经营者以传承和精益求精为傲，在他们心目中没有做大生意和小生意的区分，他们能在持续不断的专注中获得满足感，所以心平气和。开店，不是多多益善，而是要好到让自己满意，支撑他们的正是工匠精神和匠心意识。

具有工匠精神的零售商，对自己提供的产品、服务，乃至对顾客，从来都是充满热爱的。

因为爱得太深，爱得太炽烈，所以，他们不容任何理由与行为对这份爱有所亵渎。

这无关乎金钱，是匠人对质量的坚守和对工作的执着。

在韩国，有很多老的泡菜店老板，专心于泡菜的制作与传承，他们把持着泡菜的味道与品质，使其不断延续、提升。

其中有一家经营历史已达100年的老泡菜店更是如此，这家泡菜店的名气很大，他们的泡菜品质独一无二，深受客人的喜欢。可是，这样一家店却有着自己独到的要求：不允许顾客买了泡菜去送人。

这是怎么回事呢？

有一天，一位老顾客进到店中，要求店主为自己包一些泡菜，并非常得意地说："我要将这些泡菜带给我的朋友，3天后他就可以吃到你家百年传承的正宗泡菜了。"

没想到，老板一听客人要在3天之后才能将泡菜送到朋友手中，断然拒绝了卖泡菜给他。客人非常不解，说："难道你家的泡菜不能送人吗？"

店主却说："不是不能送人，而是不能3天之后再送。因为在你放置泡菜的这几天时间里，泡菜势必会产生变化，这会影响到它纯正的味道，如此也就不再是我们店里的泡菜了。你的朋友吃了，只会记住我们店变质泡菜的味道。这不但会有损泡菜自身的品质，也会影响我们泡菜店的声誉。这是我们所不能容忍的，所以，我宁肯不做这笔生意。"

这是一种对顾客认真负责的经营理念，也是对自己负责的匠心精神，为了追求产品品质而苛刻到去控制它的去向以及食用方法、食用时间。

零售商的匠心，主要体现在三个方面（见图4－4）：

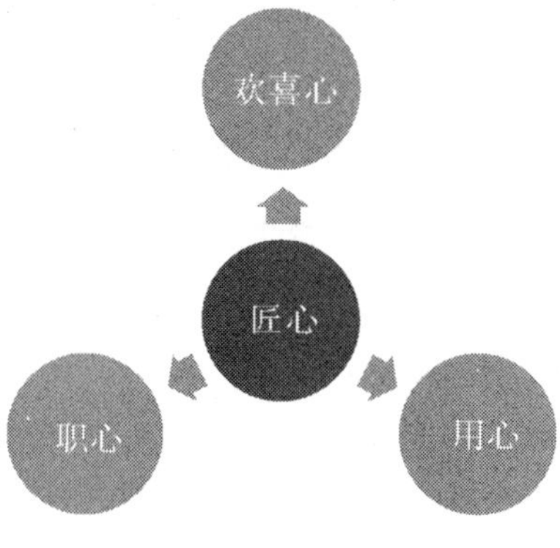

图4－4 匠心的表现

第一，职心。是对自己的态度，脚踏实地、全神贯注、心存敬畏，对产品负责，将产品、服务质量视为生命。

第二，用心。是对服务对象，亦即顾客的态度。时刻站在顾客的角度，替顾客着想，永远把服务对象当作“最在乎的人”，这样，才能做出最受顾客欢迎和市场认可度高的产品。

第三，欢喜心。是对产品的态度，倾注全部灵魂，用生命去热爱，才能做出真正有温度的作品。

路径一：自有产品，倾注匠心去打磨

我们国家缺乏百年老店，商家缺乏工匠精神，背后反映的其实是缺乏具备工匠精神经营者和匠心意识的店员，他们的经营态度和服务态度多是诸如“大概”“可能”“差不多”“好像是”“或许吧”“我也不是很清楚”此类，多是以“混”或“糊弄”的心态在对待事业，对待顾客，缺乏最起码的责任心和敬业精神。

如此做派，必然会带来诸多恶果，首先是商家竞争力不足，难以为市场和客户提供有竞争力的产品和服务，只会抱怨生意难做钱难挣。

而工匠精神提倡的是对待事业严谨认真、一丝不苟，要耐得住寂寞，忍得住长时间的煎熬，专注于自己经营的领域，苦心钻研，精心打磨，不断完善、精进。

秋山利辉先生在 27 岁时创办了“秋山木工”，这是一家订制家具店，如今它已成长为日本最著名的家具品牌，日本宫内厅、迎宾馆、国会议事堂、知名大饭店等，都在使用他们精良制作的家具。

为了培养出理想的工匠，秋山利辉创办了一所秋山学校，学费全免，不过学制却长达 8 年。

学徒完成第 1 年的见习课程，方被录用为正式学徒，然后开始 4 年的基本训练，进行匠人必备知识的学习并做好工作规划。

4 年后，极少数心性和技术俱佳者才能被认定为工匠。最后 3 年，他们一边以工匠的身份工作，一边继续学习。

学徒的 8 年寒窗，要随时接受“秋山木工”10 条规则的约束和检视——

第一，不能进行完美自我介绍者不予录取。

学徒要通过不断练习，做到能够在一分钟之内将自己的姓名、出生地、毕业学校、家庭成员、毕业之后的自我期许、初衷和未来梦想介绍清楚。

第二，无论男女学徒，一律剃光头。

此举是为了让学徒下定决心，将所有精力投入到学习中。因为，决心不足的人往往难以坚持到底。

第三，同外界只可书信联络，禁用手机。

通过锻炼书写和禁止使用电讯产品，来磨炼学徒意志。

第四，每年只能在七月盂兰盆节和正月假期才能见家人。

每年的学习期间，学徒在七月盂兰盆节和正月，才能享受 10 天的假期。其余时间，为了避免精神出现松懈，即使父母前来探望，也不允许见面。

第五，禁止学徒接受父母给的生活费和零用钱。

学徒要意识到：只有自己辛苦赚取的薪水购买的工具，才会更珍惜。若用别人的钱财购买，则不会有任何感动。

第六，学习期间，绝对禁止谈恋爱。

学徒如被发现谈恋爱，会被立即开除。这一点是为了确保学徒能够心无旁骛、不受干扰地专心学习，否则，一流匠人难成。

第七，每一天从晨跑开始。

每天早晨，所有人必须跑步 10 分钟，用来振作精神，培养集体意识。

第八，共同做饭，严禁挑食。

一、二年级学徒要动手准备饭菜，而挑食的人也往往会挑工作、挑活，必须禁止。

第九，工作之前先行扫除。

学徒每天要打扫街道、打扫厂区、清扫机械、清扫车辆、清扫仓库，通过扫除来磨砺心志。

第十，每日朝会齐声高喊“匠人须知 30 条”。

每日高喊“匠人须知 30 条”，方可让一流匠人的标准，渗透到学徒的潜意识中。

秋山学校“匠人须知30条”

(1) 进入作业场所前，必须先学会打招呼；

(2) 进入作业场所前，必须先学会联络、报告、协商；

(3) 进入作业场所前，必须先是一个开朗的人；

(4) 进入作业场所前，必须成为不会让周围的人变焦躁的人；

(5) 进入作业场所前，必须要能够正确听懂别人说的话；

(6) 进入作业场所前，必须先是和蔼可亲、好相处的人；

(7) 进入作业场所前，必须成为有责任心的人；

(8) 进入作业场所前，必须成为能够好好回应的人；

(9) 进入作业场所前，必须成为能为他人着想的人；

(10) 进入作业场所前，必须成为“爱管闲事”的人；

(11) 进入作业场所前，必须成为执着的人；

(12) 进入作业场所前，必须成为有时间观念的人；

(13) 进入作业场所前，必须成为随时准备好工具的人；

(14) 进入作业场所前，必须成为很会打扫整理的人；

(15) 进入作业场所前，必须成为明白自身立场的人；

(16) 进入作业场所前，必须成为能够积极思考的人；

(17) 进入作业场所前，必须成为懂得感恩的人；

(18) 进入作业场所前，必须成为注重仪容的人；

(19) 进入作业场所前，必须成为乐于助人的人；

(20) 进入作业场所前，必须成为能够熟练使用工具的人；

(21) 进入作业场所前，必须成为能够做好自我介绍的人；

(22) 进入作业场所前，必须成为能够拥有自豪的人；

(23) 进入作业场所前，必须成为能够好好发表意见的人；

(24) 进入作业场所前，必须成为勤写书信的人；

(25) 进入作业场所前，必须成为乐意打扫厕所的人；

(26) 进入作业场所前，必须成为善于打电话的人；

（27）进入作业场所前，必须成为吃饭速度快的人；

（28）进入作业场所前，必须成为花钱谨慎的人；

（29）进入作业场所前，必须成为“会打算盘”的人；

（30）进入作业场所前，必须成为能够撰写简要工作报告的人。

“青灯黄卷苦读，热血挚情坚韧。”秋山学校的年轻人，通过8年持之以恒的坚持，通过8年苦行僧般的修行，方才成了日本最好的匠人，掌握了赖以安身立命的本领。

我们看到，在小野二郎的寿司店，学徒前10年，只能周而复始摊鸡蛋，以精进技艺。

我们还看到，“西少爷”肉夹馍的团队，经过半年的研发，用掉5000斤面粉和2000斤肉料，才终于研制出“西少爷”特有的配方和流程，利用电烤箱即可完全还原出肉夹馍的香酥口感。

在这个快节奏凡事追求速成的时代，我们当时刻谨记：始终如一地坚持本心，长时间如一日专心致志地精进产品、提升服务，才是商家立根之本。

路径二：供应链产品，严控产品品质

为什么迪卡侬、宜家、优衣库可以成为品类杀手，更会打造爆品，而沃尔玛、家乐福却不行？

这得益于前者对供应链产品品质的严格把控，聚焦于某一品类，做透做深。现在有一些细分领域的零售商，已有如三只松鼠、良品铺子、孩子王等新的品类杀手出现。

迪卡侬、宜家、优衣库有个共同点，所有的商品均是自己研发。此举一方面从源头保障了产品品质，另一方面形成了对传统电商的天然壁垒——产品是我的，我可以选择上网销售或者不上网销售。

而强大的供应链把控力是其爆品效应（名品低价）的有力保障。为了节省成本，它们可以规模化采购、全球布局产业链，以最低成本、超高效

率的方式组织生产。

以一件服装的诞生为例，它可以将设计部分放在日本或者美国，布料的采购放在中国，拉链或者纽扣从韩国采购，最终成衣加工放在劳动力价格更加低廉的东南亚国家。而宜家为了打造某款家具甚至可以承包一整片森林。

对于中小商家而言，则应谨慎选择供货商，慎重选择供货商不但可以避免经济上的浪费和损失，更是与之建立长期稳定合作关系的前提，同时也是严控产品品质的关键所在。

1．初选供货商

初选供货商，要找出 3 家以上有代表性的供货商，进行综合考察。在考察中要重点了解供货商的实力、专业化程度、货物来源、价格、质量及目前的供货状况，并划定出初选的范围。

2．试用供货商

对于同类商品，找出 2 家同时供货，重点从质量、价格、服务三方面来进行比较，在为期 1 个月左右的试用期中，记录供货商表现，以确定最终选择。

3．确定供货商

在使用 2 个月的基础上，由店长（经理）、财务人员、采购人员组成审查小组，以民主表决的方式集中投票来确定一家供货商。

4．签订供货合同

确定供货商后，由店长（经理）与供货商签订供货合同，合同期限一般不超过 1 年。

5．供货商的更换与续用

在合作的过程中，如果发现供货商有不履行合同的行为，在合同期满前，由审查小组集中讨论决定是否更换或续用。

新零售爆品思维：爆品的本质是产品主义

◎“产品主义”的崛起，爆品的本质是产品为王。

案例：原麦山丘，极致的产品，是小而美商业打造爆品的基本保障。

◎小而美商品定位的两种模式。

第一，微利模式：借助极高的性价比来吸引大量消费者，容易打造爆品。

第二，高质高价模式：“高品质，高价格”，是典型的小而美，可让消费者趋之若鹜。

案例：用互联网思维打造的小而美产品——极致蛋糕，极致产品、极致消费体验带来极致的爆品。

◎商品拜物教时代，匠人做派，匠心思维，方能做出爆品。

路径一：自有产品，倾注匠心去打磨，长时间如一日专心致志地精进产品、提升服务，才是商家立根之本。

路径二：供应链产品，严控产品品质，打造细分领域的品类杀手。

第五章

“丧心病狂”的用户体验

一、“购买驱动”到“体验驱动”的演进

我们注意到，当国内线下零售商受电商冲击频现关店潮时，日本的实体零售并没有受到来自电商的太大冲击。

其根本原因在于：日本实体零售不仅在产品上具有匠心，还在用户体验上有不可替代的竞争力，比电商渠道要好很多，而商品的价格和电商渠道却相差无几，因此消费者更愿意前往实体零售店消费。

国内线下传统零售也有例外，即使在电商发展最迅猛的时刻，一些线下商家的生意依然火爆，丝毫未见受到冲击。

第一个代表是大家熟知的星巴克，在星巴克的各个门店，几乎任何时候都有很多人，甚至找座位都很难；第二个案例是瑞典家具品牌宜家，无论什么时候去，宜家线下商场的人都很多。

这是为什么？

答案就在于——体验制胜！

星巴克实际上卖的并不是咖啡，而是一种氛围、一种环境、一种体验。当人们在意的是消费氛围的时候，咖啡本身就已经不那么重要了，重要的是体验，顾客愿意为之支付高价。

阿尔文·托夫勒在其著作《未来的冲击》中卓有远见地指出：

> “未来经济将是一种体验经济，未来的生产者将是制造体验的人，体验制造商将成为经济的基本支柱之一。”

美国经济学家约瑟夫·派恩和詹姆斯·吉尔摩在1999年出版了《体验经济》一书，提出人们正迈向体验经济时代，体验经济将取代服务经济。作者认为：

“企业以服务为舞台，以商品为道具，以消费者为中心，创造能够使消费者参与、值得消费者回忆的活动。在消费者参与的过程中，记忆长久地留住了对过程的体验。如果体验美好、非我莫属、不可复制、不可转让，消费者就愿意为体验付费。

同一种商品，在农业经济中只值5元，在工业经济时值10元，在服务经济中值20元，在体验经济中就可以值30元。这是因为在体验经济中，消费者对体验享受的评价最高，也愿意付出更高的价格。”

体验经济，是基于现实生活与场景，为顾客塑造感官体验及思维认同，吸引顾客注意力，引导并改变消费行为，为商品、服务找到新的生存价值与空间。体验经济是以服务作为舞台、以商品作为道具来使顾客融入其中的社会经济演进阶段（见图5－1）。

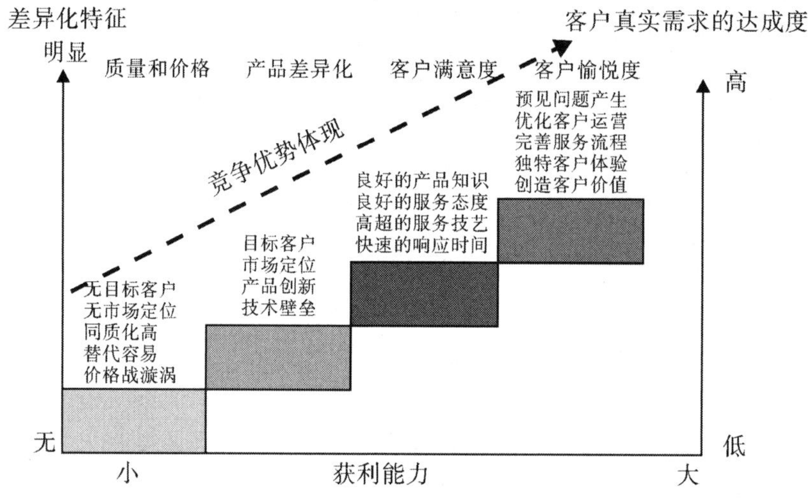

图5－1　经济发展四阶段

在传统商品经济和产品经济时代，零售商以商品为核心，关心的是商品的质量、数量、价格和实用性，结果导致同质化商品越来越多，消费者无从选择，最终只能靠价格来选择，带来无休止的价格战。

在商品、服务同质化严重、供过于求的时候，零售商需要不断创新才能吸引消费者购买，要在商品、服务极大丰富的情况下，通过体验把差异化优势体现出来，通过体验实现价值的增加（见图5－2）。

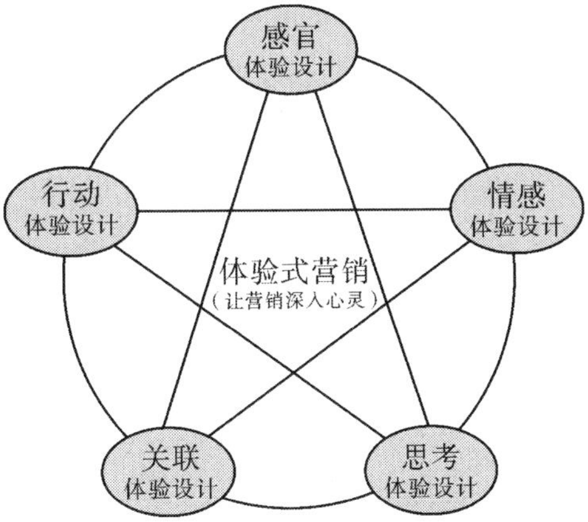

图5－2 体验营销路径

比如，宜家家居商场就遵循了这样一条路径——

他们为消费者再造了一个逼真的生活场景，向顾客展示了厨房的装修设计搭配方案，展示了卧室应该怎么装修，展示了客厅应该如何配置家具……当顾客置身这些样板场景中，感官会受到刺激（感官体验设计），产生一种强烈的身临其境的感觉（情感体验设计），使他们产生一种迫切的渴望（思考体验设计）——希望将这些家居方案搬到自己家里（关联体验设计），从而刺激顾客的购买欲望。

这样做的结果就是，顾客本来只是计划去买个柜子，最后却买了与之搭配的整套家居（行动体验设计），因为有时顾客并不太明白居家的延伸搭配。这样，宜家就通过真实的体验场景，通过创新性的体验消费，成功引导出了新的消费需求。

新零售是基于消费升级的传统零售业升级，是以消费者体验为中心的数据驱动的泛零售形态，其变革的根本目的在于提升用户的消费体验，新零售转型成功的商家，多是敏锐地感知到了消费行为的发展趋势——从“购买驱动”到“体验驱动”的转化。

传统零售，是以企业效率为中心的经营模式，一般是股东第一、客户第二、员工第三；新零售，则是以用户体验为中心的经营模式，一般是客户第一、员工第二、股东第三。

二、更智能、更新奇、更好玩的消费场景

线下零售构建的体验式消费场景，不是简单的硬件叠加，而是“硬件＋气氛＋人与人的互动”的综合系统，所有这些元素加在一起才能构成一个完整的体验场景，否则就只是一个冷冰冰的装修而已。

Hamleys 玩具店是一家来自英国的百年老店，它在店铺场景化营销上，给国内的实体店上了生动的一课。

Hamleys 南京店是这家英国百年老店全球单体面积最大的场景式玩具体验销售中心，在这里，每天上午，品牌形象“哈姆熊”都会从光顾的小顾客中挑选一位幸运小朋友，作为店铺开门倒计时的摇铃师。

“Hamleys 开门!”伴随稚嫩的童音，店面大门会徐徐打开，随之，一个充满魔幻风格的儿童玩具乐园就向孩子们开启了大门，张开了怀抱。

这样的开店仪式，每天都在进行，附近的小朋友们则是永不厌倦地积极参与，给商家带去了庞大的客流和强大的转化动力。

在 Hamleys 卖场内，小顾客们仿佛并不是前来选购玩具，而是进入了一个大大的游乐场，可以在不同主题的玩具场景中获得不同的体验。这里的玩具，不再是像传统玩具店那样摆在货架上供顾客挑选，而是按照不同的场景进行布置、排列，场景周边则搭建有玩具展示台和游戏台，让每一款玩具都尽可能动态化展示。

在 Hamleys，孩子们首先是尽情地玩耍、尽情地体验，而不只是简单的买买买。射击、遥控车、AR 体验等 20 多个娱乐场景，几乎覆盖了不同年龄段的孩子，Hamleys 犹如一个小型的儿童乐园。

Hamleys 不仅擅长场景的构建和气氛的烘托，还十分注重同顾客的紧密互动，会针对顾客需求，比如孩子的性格、喜好等，提供特有的主题派对订制服务。

在店面场景体验上的用心投入，能在多大程度上获得回报呢？据Hamleys南京店体验经理刘佳表示：“我们的销售数据显示，不做示范和体验的自营商品跟做示范和体验的自营商品之间的销售差距是100倍！而这几年，Hamleys更发现，通过给予顾客体验带来的销售在总销售额占比逐年在增加。”①

可见，场景化体验销售方式不论是在理念上，还是在实际经营效果上，都在逐渐颠覆、取代传统零售方式，在倒逼线下实体店向体验型商业体转型。

在这种趋势下，我们看到某些线下商家，为了增强顾客体验，正在尝试进行各种各样的场景变革。比如，在某商超的生鲜食品区，消费者可以现场体验传统石磨磨豆浆的乐趣，可以学习日式寿司的制作方法；比如，某家装潢风格古色古香的前卫书店，顾客除了可以看书买书，还可以欣赏舒缓的音乐背景，可以听各种论坛、演讲等。

客观地讲，本土商家的场景化营销还有很长的一条路要走，并不只是让消费者在店里听段音乐、磨个豆浆那么简单。要真正致力于从“硬件+气氛+人与人的互动”等层面上进行全方位精进。

1. 硬件配置

硬件配置、设计，是体验式场景打造的基础性工作。要从顾客需求、喜好的角度，而不仅仅是从商家、销售的角度去配置营销场景，这是商家体验营销工作思路转变的重中之重。

2. 气氛烘托

仅仅具备良好的硬件配置，还远远不足，如果不能有效烘托出让顾客流连忘返的店面氛围，同样难以留住顾客，会给人一种“无感情、冷冰冰”的感觉，会让顾客敬而远之。比如，在竞争激烈的线下家居行业，宜家的质量不一定是最好，价格也不一定最低，但它却将场景化营销做到了极致。宜家卖场通过对生活空间、创意设计、产品故事的巧妙运用，营造

① 《南京商场致力“实体店+”，致力于消费体验场景化营销》，《新华日报》，2016年10月8日。

了一种独特的销售氛围，对顾客有着强烈的吸引力。

3. 人与人的互动

相对硬件配置和气氛烘托，人与人的互动是更高层面的场景营造元素。所谓的“互动”，就是商家同顾客双方互相动起来。在互动营销中，互动的双方一方是商家，一方是顾客，只有抓住共同利益点，找到巧妙的沟通时机和方法，才能将双方紧密地结合起来。互动营销尤其强调的是，双方都要采取一种共同的行为。

三、线上提供方便，线下提供体验

经历了各种新旧模式更替，商品销售模式逐渐形成了“线上提供方便、线下提供体验”的形态。似乎电商和传统零售商殊途同归，融合到了一起。然而仔细分析会发现，线上做全渠道，与线下做全渠道，虽然有着很多联系，但却有显著区别。

线下零售店是一个重要的流量节点和物流节点，其单纯的链接功能会被线上电商取代，而且供应链功能和独特的体验式消费永远是电商无法替代的。人的需求是多种多样的，线上购物是享受，线下逛街也可以是一种享受，未来的零售趋势是线下体验、线上购物。对于高频、标品、低价、非体验式的消费需求，消费者可能会选择线上购买，而对于低频、高价、非标品、体验式的消费需求，消费者会优先选择到店消费。

谁能打通线上、线下的利益链条，谁能将这两者结合得最完美，谁就可能站在下一个风口上。

正因为线下体验店功能的无可替代，不仅是电商在进军线下布局体验店，传统的线下零售商也在升级线下门店为体验店。

体验店，是一种最贴近消费者的线下终端店面，目的是让消费者亲身体验产品和相关服务。

通常的体验店主要是用来展示最新的技术、产品、服务，通过不定期的专题活动，鼓励消费者参与其中，建立沟通渠道，收集消费者的意见与反馈，及时改进产品和服务。

体验店存在的价值，是进行体验营销，让消费者通过亲身试用和感知，从而对商家产品或服务的价值与品质，产生好感与信赖。

传统体验店，主要有两种形式：一种是“只体验、不销售”的体验店，比如小米、华为等 IT 公司的线下体验店。

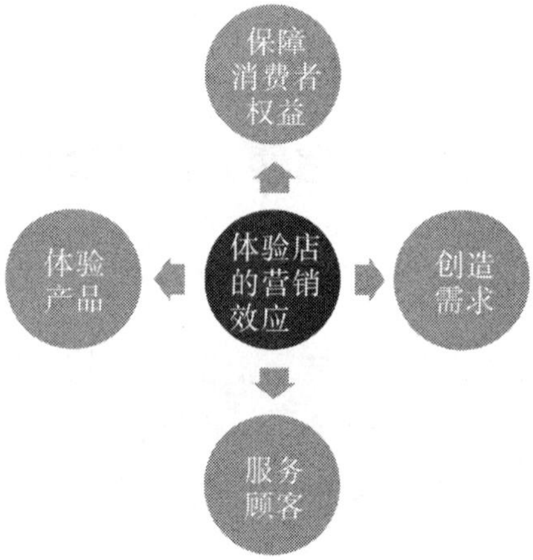

图 5－3　体验店的营销效应

另一种则是“体验兼销售”的体验店，比如各大电商平台如亚马逊、苏宁云商、当当等开设的线下体验店。

近年来，为了应对电商冲击，线下实体店开创了一种新的“生活体验店”模式，致力于打造能够让顾客身临其境的消费新模式，这样的新奇体验能够更加全面地满足顾客的消费需求。

四、不可或缺的线下体验

体验经济是一种场景经济，它的最佳载体就是线下零售门店。

消费者的店面现场感觉和感受，是电商无法提供的，无论虚拟现实技术如何演进，虚拟终归是虚拟，永远替代不了现实。这也正是为什么电商将自己的网页设计得再人性化、买家秀做得再漂亮，也不及线下实体店对商品的实际展示，因为线下这种零距离的触感是真实的、可见的、可信的，被低价冲昏头脑的消费者们冷静下来后，自然会做出理智的选择。

沃顿商学院市场营销学教授、杰伊·贝克零售中心（Jay H. Baker Retailing Center）主任芭芭拉·卡恩（Barbara Kahn）说：“在购买过程中能‘触摸和感受’一下商品，而且能得到销售员的帮助，这两点对于许多商品类型而言都相当重要。”

譬如，顾客喜欢在店里试穿一下衣服或试戴一下项链，或者亲自掂量一下，看食品是否足量，然后再确定是否购买。这个过程，最好是有真人来做解释说明。

“对于这些类型的商品，线下体验将会非常具有价值，”卡恩说，“大量的证据证明实体店并没有要消失。”

线下零售远高于电商的成交转化率和电商巨头纷纷转战线下，无不源于此。实体门店的体验优势表现在以下几方面（见图5－4）：

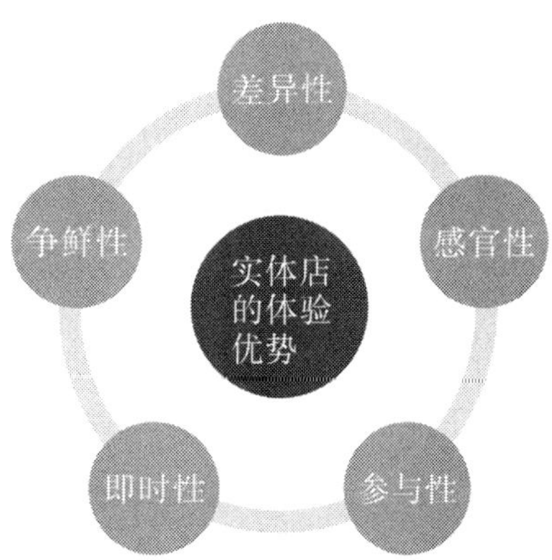

图5－4 实体门店的体验优势

1. 争鲜性

实体商业能为顾客提供无可替代的即时、新鲜体验，在实体商业空间中，顾客能够充分体会到逛、寻、品、试、摸、鉴、比的乐趣，享受到网络购物所无法提供的踏实与愉悦。

除去商品、服务本身所带来的新鲜、独特体验外，今天的实体商业所提供的巧妙的业态混搭、赏心悦目的店面装潢、匠心独运的物品陈列、舒缓高雅的背景音乐以及充满温情的贴心服务，都能幻化成吸引顾客的强力诱因。

2. **即时性**

电商消费，从下单到收货，中间有一个物流环节，消费者需要付出等待的时间成本。实体店的消费体验中，则没有这种障碍，顾客消费时能获得一种身临其境的感觉，能够当即享受到产品和服务，以及心理上的满足感和愉悦感。

3. **参与性**

在一些线下自助式消费中，消费者可以充分参与到消费环节中，如自助餐、自助导游、自助制作（DIY）、自助配制饮料、农场果园采摘、点歌互动等。实际上，消费者可以参与到供给的各个环节之中。

目前，顾客体验正在由传统的功能式、品牌式往体验式、参与式的方向演变，顾客希望能够充分参与到消费流程中去（见图5－5）。

图5－5　消费体验的演变

4. **感官性**

所谓“体验”，最原始的解释，便是通过身体的各个器官来感知，来体验，这是最原始、最朴素的体验经济的内涵。比如，去购物中心看电影，在某百货公司一楼大厅观看模特走秀……这些实体商业中的体验，都充分调动了人的身体五官，强化了消费者的体验度。

5. **差异性**

工业经济和商品经济追求的是标准化，这不仅要求有形产品的同质性，也要求制造过程的无差异性。但在服务经济、体验经济中，则表现出了相反的倾向。这是因为最终消费者的情况千差万别，商家要满足不同顾客的需求，就必须提供差别化的服务。

实际上，线下消费体验，取决于商家的地段、装潢、氛围、人员、态度等综合因素，每一个消费者从不同视角去体察，都会有完全与众不同的体验，这也正是实体商业的魅力所在。

体验式消费的兴起，是线下传统零售跨越提升的一大机遇，推进顾客体验管理是实体零售迫在眉睫的一项工作。

什么是顾客体验管理？它以提高顾客整体体验为出发点，注重与顾客的每一次接触，通过协调整合售前、售中和售后等各个阶段，认真衔接各种客户接触点，或接触渠道，有目的、无缝隙地为客户传递目标信息，创造正面形象，为顾客带来正面感觉，以实现良性互动，进而创造差异化的顾客体验，实现顾客的忠诚，强化顾客的感知价值，从而提高店铺竞争力和营业收入。

通过对顾客体验加以有效把握和管理，可以提高顾客对商家的满意度和忠诚度，并最终提升店铺价值。

线下零售商在认同和理解顾客体验理念和文化的基础上，需实时了解目前的顾客体验值和顾客期望值，在日常营运中，确定关键的体验节点，进行体验管理，对顾客期望值和实际体验值的差距进行实时分析，制定针对性的改善措施，以提升顾客体验。

顾客体验管理七步法如下图（见图5－6）所示。

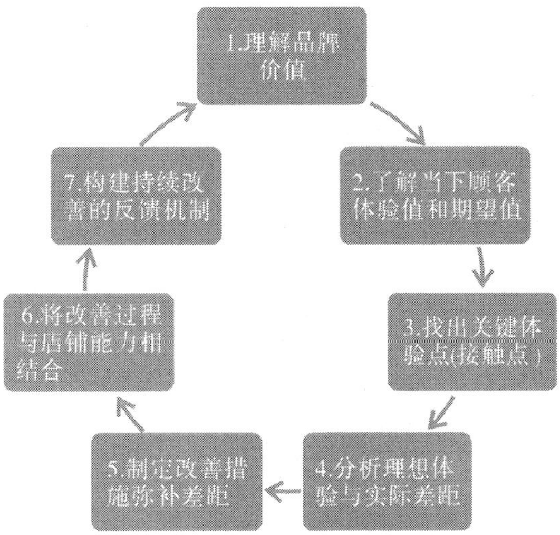

图5－6　顾客体验管理七步骤

第一步：理解品牌价值

所谓“品牌价值”，即零售商吸引顾客的核心卖点所在。它可以是一流的性价比，可以是人性化的服务，可以是丰富多样的商品，可以是极具传承的品牌内涵。总之，一切能够吸引顾客光顾的差异化卖点，都是商家赖以生存的品牌价值所在。

第二步：了解当下顾客体验值和期望值

我们知道，顾客满意度是顾客实际体验值和期望值的差额，如果实际消费体验达不到他们的心理预期，他们的满意度就是负值；如果消费体验值超出他们的期望值，则其满意度为正。顾客满意的程度，会直接影响他们的后续消费。

相对而言，顾客期望值很难去左右，商家可以通过提升顾客消费体验，来提升其消费满意度的指数。实现这一点的前提是要去充分分析目标顾客的消费期望，客观考量门店所能给顾客带去的实际体验值。

第三步：找出关键体验点（接触点）

将店内能够影响到顾客体验的所有环节、所有接触面，进行排序分析，找出能够对顾客期望值产生关键影响的体验点，即商家与顾客的关键接触点。

第四步：分析理想体验与实际差距

针对关键接触点，要弄清楚顾客希望得到什么样的体验，他们心目中的理想体验是什么，同时观察分析店铺在这些关键接触点给顾客提供的实体体验，找出其差距。

需要注意的是，如果仅仅依靠店员本身，由于思维定式及主观偏见的影响，往往很难发现差距，也难以找出问题所在。这就需要借助第三方（管理人员、店长、老板等）进行深入观察、调研，同时去对比分析研究那些业绩良好的竞争对手所能给顾客提供的关键接触点体验。

例如：就服装店而言，左右顾客体验良好的一个关键接触点是顾客试衣后表示不满意且不想购买时，店员的反应如何，如果此时店员态度表现出不耐烦或是直接来个一百八十度大转弯，就明显会让顾客感觉不满意。相反，那些顾客体验良好的服装店，这个环节就做得非常到位，其店员不仅不会表现出丝毫的不快，甚至还会由于顾客的不满意而感到抱歉。

第五步：制定改善措施弥补差距

找到问题所在，下一步就是研究改进措施。如果是人的因素，就要进行针对性的培训指导，对于经培训教育后仍无法满足要求者，则应果断予以辞退；如果是其他方面的因素，则需要结合门店实际情况和能力，进行相应的完善。

第六步：将改善过程与店铺能力相结合

每家线下门店的竞争力和竞争优势各不相同，在弥补顾客体验短板的同时，应注意保持自身优势，同时要依照门店的实际能力（经济实力、人员能力等），有所取舍，弥补明显的体验洼地，同时强化自身的竞争优势。

第七步：构建持续改善的反馈机制

线下门店体验的改进需源于一套能够自动运转的反馈改善机制，而非经营者的一时头脑发热。持续改善的反馈机制，有赖于经营者、店员、管理人员和顾客的共同努力，共同监督，并在背后形成一条利益驱动链条，去调动链条上的相关人员投身于体验反馈改善工作中去。

五、零售越来越以服务为导向

来看一个关于台湾友人的真实经历：

一名台湾友人20世纪80年代来大陆旅游，刚一到北京就被吓着了。他去商场购物，发现贴在墙上的“优秀营业员”工作标准，第一条竟然是“不打骂顾客”。好奇的他百思不得其解，售货员见其毫无购物意图地待在商店，便使劲瞪了他一眼，这位台湾友人只觉得一阵透心的寒意袭来，赶紧落荒而逃，很长时间都不敢再踏上这片土地。

那时，顾客如果能看到商店营业人员的展颜一笑，恐怕当场就会受宠若惊地想痛哭。如今，服务人员微笑神态不标准，都有可能遭到顾客的投诉。

无感情、冷冰冰的商业是特定时代的烙印，早已一去不复返。

今天，顾客需要的是有温度的商业、有温度的服务。

新的线下商业格局应当是什么？温度应无处不在！

“人是万物的尺度”，这是普罗塔哥拉①最著名的哲学观点。

实体业是以人为本，应需（顾客对温情商业、温情服务的需求）而生，因为满足顾客的心理需求而被需要，才能得以持续发展。

1. 构建有温度的消费环境

我们生活的这个社会已不可阻挡地进入大数据时代，每个人包括所有顾客，都是信息的制造者和传播者。大数据时代，顾客的需求更多，对产品更挑剔，实体店经营者应该怎么转变经营思路呢？

---

① 公元前5世纪的希腊哲学家，智者派的主要代表人物。

商家需要精准掌握顾客需求信息，提供贴合顾客需求的有温度的产品和服务，提供有温度的消费环境，做电商所不能做。

红星美凯龙首创性地提出了“实体赋能互联网”的概念，红星美凯龙总裁李斌表示：“门店是我们的体验中心、服务中心，也是未来我们精准流量最大的入口，通过实体店为线上平台多领域扩张赋能和用户积累赋能。”

李斌称：“最终我们是以实体门店为核心服务用户，让体验更有温度，让服务更专业、更人性化；同时通过互联网平台和技术工具，让用户的选择更丰富，参与更便捷；线上线下一体化融合、相互赋能，建立无缝衔接的服务闭环，真正迎接品质消费时代的到来。”

线下如何为线上赋能？要依靠有温度的消费环境、有温度的体验（见图5－7）。

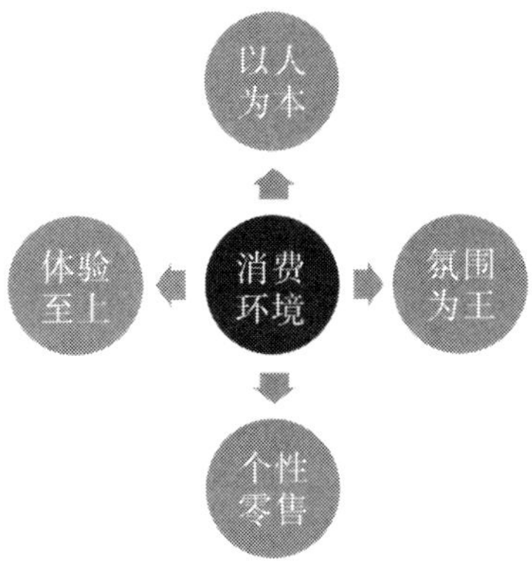

图5－7 消费环境温度四要素

把内心的温度外放，构建一个有温度的消费者环境，让消费者的心情更愉悦，应是线下零售经营的基点，这会让商品与服务更有不可替代的价值。

2. **提供有温度的服务**

有温度的商业，离不开有温度的硬件、有温度的消费环境，更少不了人的因素，离不开人为的温情服务。

为顾客服务的每个细节都值得实体店经营者“斤斤计较”，随时随地强调“人”的方便性，将人性化融入服务之中，才会让更多顾客能够看得见、摸得着、感觉得到服务的温度。

零售业是消费者和经营者的一次美丽邂逅，温度应无处不在。充满温情的服务来源于情感（见图 5-8），是消费者从进入消费环境后所碰到、摸到、看到、闻到、听到、得到的所有信息经过其大脑加工处理后的综合反馈。

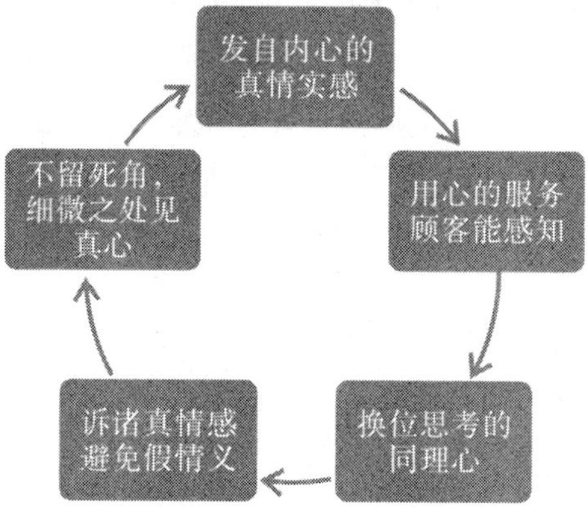

图 5-8　温情服务的内涵

六、学习日本零售业的暖心服务

2015 年国庆黄金周假期，日本成了中国游客出境游的最大目的地之一，出行人数比往年同期翻了一番。

东京机场入境口岸，排满了等待入关的中国游客。从东京机场，到东京街头，以及各大商场，无不挤满了中国游客，他们的主题是“买买买”，据说日语里还专门针对中国游客的这种行为创了一个新词——“爆买”，有些聪明的商家还打出了“庆祝中国国庆节快乐”的中文标语。

国内有人在微博上发了一组中国游客在日本各大商场抢购的图片，且配有这样的文字：“新宿已拿下！秋叶原已拿下！涩谷已拿下！池袋已拿下……11 区基本已被我方人员全面控制!”

这组图文被不少网站以“中国旅游购物者全面‘攻陷’日本”为标题争相转载。

普通游客的选择，具有趋利性，出去游玩图的最主要就是一个舒心，相对于大陆游、香港游，为什么会有越来越多的游客选择境外游，特别是日本游？其中固然有方便购物的因素在内，其实核心还在于，哪里服务好，他们就去哪里。哪里让他们舒服、让他们身心愉悦，他们就去哪里。

相对于国内不时出现的旅游区宰客事件，相对于香港对内地游客的排斥，日本的旅游环境确实有其打动游客的独到之处，尤其是他们提供的极致服务，更是击中了国内游客的核心痛点。

日本商家的服务极致到什么程度呢？我们可以来见识一下：

◆日本的很多经营场所都是要脱鞋的，比如料理店、酒店，包括一些商场的试衣间。顾客脱掉鞋子之后，服务人员第一个动作就是要把鞋子整理好，顺着顾客走出的方向放置好，以方便顾客。

◆在下雨天，带伞的顾客进店后，服务人员会马上接过雨伞，将雨水擦干净，放在门口，方便顾客离开时取回。

◆在国内各种消费场所，顾客喊破嗓子，一再呼喊服务员，人家还不见得会搭理你。在日本的消费场所，只要遇到顾客询问，不管服务人员在做什么，都要立马停下来，解答顾客的问题。

◆遇到顾客投诉，服务人员不会有任何推脱，没有任何不快，没有任何扯皮，也不管是不是他们的问题，都会代表整个团队致以诚恳的歉意。

◆在一些餐饮店、旅店，营业期间服务人员禁止扫地、清洁，以防灰尘影响到顾客的就餐或休息。在这些场所，绝对看不到国内一些餐馆中常见的清洁人员拿着拖把走来走去的情景。

……

这些看似苛刻的服务细节，在日本都是一些约定俗成的基本服务规范。

在国内的商场、书店、娱乐场所，经常会传来“谁家的孩子走丢了，现在在服务台，请某某家长速来认领”之类的广播。但在东京迪士尼，你却从来听不到这样的广播。不是那里没有小孩走失，而是因为他们认为播放令人焦虑的寻人广告会影响游客的心情。

东京迪士尼面对走丢的小孩，是怎么做的呢？

工作人员会蹲下来，掏出糖果，先哄孩子停止哭闹。然后询问他们的姓名、从哪里来、在哪里跟亲人走失的。如果小孩年龄小描述不清的话，他们会将孩子带进迪士尼的托儿所，拿出一摞卡片，上面有爷爷、奶奶、爸爸、妈妈形象的图片，让孩子辨认是跟谁来的。接着用同样的卡片，让孩子指出亲人的衣着特征。这样，一个个细节敲定之后，很容易就能找到孩子的家长了。

而当家长忧心忡忡地赶来时，孩子可能正在开心地吃糖果、玩玩具。

这就是东京迪士尼的服务，令人动容！

总有人抱怨经济形势不好，抱怨生意难做。事实上，相对于提供极致的产品，提供让用户尖叫的开创性产品，服务领域引爆市场的商机更多。

可以放眼看一下四周，看看那些让人恨之入骨的低劣服务，几乎到处都是，特别是在一些二线、三线城市，内陆小地方，零售商更是没有什么服务意识，更别去提那些想方设法欺诈蒙骗顾客的行为了。

别人做不到的，你能提供、做到，这就是提升的机会。

新零售爆品思维：提供极致的用户体验

◎“购买驱动”到“体验驱动”的演进：以用户体验为中心的经营模式，客户第一，员工第二，股东第三。

案例：宜家通过真实的体验场景，通过创新性的体验消费，成功引导出了新的消费需求。

◎提供更智能、更新奇、更好玩的线下消费场景。

体验式消费场景，不是简单的硬件叠加，而是“硬件+气氛+人与人的互动”的综合系统。

案例：Hamleys玩具店在店面场景体验上的用心投入，得到了可观的回报。

◎新零售体验分工：线上提供方便，线下提供体验。

确定关键的体验节点，进行体验管理，对消费者期望值和实际体验值的差距进行实时分析，制定针对性的改善措施，提升消费体验。

◎小而美新零售越来越以服务为导向。

人是万物的尺度，今天，消费者需要的是有温度的商业，有温度的服务。

案例：日本商业暖心的服务理念、极致的服务细节，是其实体商业屹立不倒的秘诀所在。

第六章

爆点 = 引爆口碑

一、足够专业才能推出爆品

美国人拍摄的《寿司之神》，讲的是日本的一家小寿司店，这家寿司店被评为米其林三星，有人称其寿司为日本最好吃的寿司，它的店面不大，消费额却极高，客单价 3 万日元起，而且还得提前 1 个月预定。

这家小店的经营者是一位 90 多岁的老人，穷尽技能做了一辈子寿司，专注用心到了极致。该店对学徒的选用和培养极其严苛，能被选中当学徒的，都要经过漫长的艰苦磨炼，学徒前 10 年，只能做一件事，就是煎鸡蛋，至于捏寿司，想都别想。店主的大儿子，也跟随父亲学艺 20 多年了，仍然是一副恭敬学徒的姿态。同时，他们还需时刻观察用餐者的情况，以便对食物适时做出调整。

如此这般专业、这般用心，让这家寿司店的寿司成为享誉世界的爆款产品。

所谓“专业”，就是聚焦自身的定位，深耕商品，钻研服务，心无旁骛做好核心业务。

老子的《道德经》中说：“治大国，若烹小鲜。”把每一个环节都做好，都钻研透，做到极致，那么没有做不好的生意。

在北京五道口，有一家名为“枣糕王”的小店，一直是该区域的一道风景线，无论早晚，无论天气如何，它的门前顾客总是排起长龙。在获悉这家只有 10 多平方米的小店即将搬迁时，竟然有 200 多个投资人给店主打电话，洽谈投资事宜。

在店主陈立看来，“虽然我的店只有 10 多平方米，但它不是夫妻店那种模式，而是专业地做生意，商业化（运营），只是规模太小而已”。①

“枣糕王”的专业表现在几个方面：

1．极致的产品

顾客追捧的是“枣糕王”的极致口感，它们的枣糕是怎么做出来的呢？陈立说：“有人问我怎么做枣糕，我说你把大枣三个生长周期和四个组成部分弄清楚了再去做，没弄清楚就别做。材料方面，高筋面、中筋面、低筋面，富强面粉、标准面粉，还有淀粉之类，它们是怎么生产出来的？为什么要这样分，为什么不统一叫‘面’？你要把根源全部都搞清楚，然后你就知道各个优点在哪儿、缺点在哪儿，该怎么去做。不怕没有方法，怕的是你不去了解掌握它，这跟做事不是光用技术一样。”

2．专业的服务

这里的专业体现在动作娴熟、迅捷上。“枣糕王”每天要卖将近2000份枣糕，算上间歇时间，每50～53秒售出1份，工人装袋的时间在30～33秒，时间利用率已经到了极限。

3．稳定的口感

饮食行业最忌口感不稳定，最难做到的其实也是保持口感的稳定一致。对此，陈立的观点是：“稳定很重要，它有自然合理的，还有人为干预合理的，人为干预合理才能做到‘稳定性’三个字。‘稳定’指的是你根据不同条件加工，产生的问题是不一样的，每一个变化都要控制。一个小吃也有它的合理性，没有合理性它怎么能够长期稳定？人们今天来吃，下个月来吃，下一年来吃还都一样。你要把你的口味做上去，口味是一个整体概念，是对你一个店、一种食品整体定位的统称。”

4．口感亲自控制，不做连锁

在电影《泰囧》中，有这样一个桥段：

徐峥得知王宝强做煎饼，且收入颇丰时，提出应该连锁化经营，

① 《这家10多平方米的小店搬迁时，接到了200多个投资人的电话》，正和岛，2016年5月16日。

包装上市。两人围绕这个话题有一番对话。

徐峥：你把配方卖给我吧。

王宝强：行啊，我的配方就是，必须我亲自做，不能请人，不能速冻，必须得新鲜出炉。

徐峥：所以你一辈子只能做葱油饼，你知道吗？

这其实并不可笑，在一些具有匠人心态的店主那里，这种坚守恰恰是他们最真实的内心写照。

“枣糕王”的陈立也是这样一个人。他说：“我不做连锁，我做直营店，都是我自己控制，因为这个东西差一点火候就会不一样。我有我的追求。枣糕的动态变化是很大的，它不同季度的操作是不一样的，甚至每一天的早中晚都是在变化的，像天气热的话，变化都按小时计算。”

5. 价格稳定

“枣糕王”做枣糕六七年，仅在2011年的时候因物价上涨，将售价从8.8元上调到10元1斤，其他时间没涨过价。

不论是“寿司之神”，还是“枣糕王”，并没有高深的商业逻辑，他们的爆品之道，说简单很简单，只要用心和坚持，让自己变得更专业，就能学会。说难又很难，因为极少会有人能耐得住这种寂寞，下得了这种苦心。

二、爆品终极考量标准：让用户尖叫

网络上有一个段子，内容是小米公司的CEO雷军同虎嗅网创办人李岷的一段对话：

李岷：雷总谈谈红米会不会对小米品牌造成负面影响？
雷军：我们不考虑，我们只专心做出让用户尖叫的产品。
李岷：雷总谈谈小米构建的铁人三项？
雷军：三项啊，我们只专心做出让用户尖叫的产品。
李岷：雷总谈谈小米的生态系统？
雷军：生态？我们只专心做出让用户尖叫的产品。
李岷：雷总谈谈对当下移动互联网的看法？
雷军：这个啊，我们只专心做出让用户尖叫的产品。
李岷：雷总对可穿戴设备有什么看法？
雷军：可穿戴啊？我们只专心做出让用户尖叫的产品。
李岷：雷总对改变世界怎么看？
雷军：不关心，我们只专心做出让用户尖叫的产品。
李岷：雷总……
雷军：呵呵，我们只专心做出让用户尖叫的产品。
李岷：啊啊啊啊！（尖叫声）

这当然只是段子手的一个作品，这番对话要传达的意思其实是“打造让用户尖叫的产品”，这种理念已经浸入雷军和小米文化的骨子里。

在接受《新京报》记者采访时，面对记者“与最初创立小米相比，您在个人心态上有哪些变化？”这一提问，雷军是这样回答的——

“我觉得更从容和放松了，也更乐在其中了。

“创办小米之前和之初，心里一直在害怕失败，害怕我雷军万一没做好，怎么办？以前的名声岂不毁于一旦。

“做小米5年来，我觉得我是真的热爱创业、热爱移动互联网、热爱小米和米粉们。

“现在，我不关心是否市场第一，不关心销量多少，只关心能否做出让用户尖叫、感动人心的产品。”

所谓“尖叫点”，不是那种让用户听了说“哇，这么好!”的产品，而应该是那种让用户听了说“什么？你再说一遍，我没听错吧?”的产品。

如何才能打造让用户尖叫的产品和服务呢？

京东CEO刘强东有一个观点：“我们做的所有的投资，我们发展的一切一切都围绕着三点，要么降低成本，要么提高效率，要么提升用户体验，如果跟这三个没关系，我们坚决不做。”

刘强东强调的三点恰恰是尖叫点思维的三个落脚点。下面就前两点加以说明：

1. 降低成本，性价比让用户尖叫

人们消费之前，往往都会货比三家，比的是什么，就是性价比。事实上，用户有时候是很理智的，他们对于性价比的期望也有一个合理的范围，不会抱有一些无理的期望，尤其是在某项消费进入计划日程之后、将要做出购买决定之前。

什么是“超高的性价比”呢？就是彻底超出了用户的想象，击垮了他们的心理底线，从逻辑上看有些不合常理。

一个经典案例就是，小米手机。

2014年12月4日，小米CEO雷军在联想集团的演讲中提到：“三年前（2011年，笔者注），我们第一款产品做出来时，成本高达2000元人民币。当时国产手机都是五六百元，2000元的手机怎么卖？我们内部完全没信心。原本我们的定价是1499元，一部手机要赔500元，肯定是不行的。在产品发布的前一周，我想了一个通宵没睡，第二天晚上，和几个合伙人一起商量，决定定价1999元。我们要相信，是好的东西就值1999元。一周后我们发布了，大获成功。”

如此低于成本价去销售，也只有崇尚互联网思维的雷军敢玩，换个人可能都得去好好掂量掂量利弊得失。

结果，小米用超高性价比击溃了消费者的心理防线，大获全胜。

推出类似小米这般超高性价比的产品，需要魄力。要做到这种性价比让用户都不敢想，都觉着不合理，推出之后要达到“让用户尖叫”的效果，才算成功。

这样，才能将用户的潜在痛点激发出来。

2. 提高效率，给用户极致的体验

雷军的互联网思维“专注、极致、口碑、快”七字诀中有一个“快”字，意味着快速反应、快速增长、快速满足用户需求。

快，意味着高效率。互联网时代，一切都变得很快，信息的传播速度很快，产品的更新很快，芯片的更新很快，物流的送货速度很快。只有快，才能得到用户的心，只有更快，才能让用户尖叫。

滴滴打车的“90秒让用户打到车”的承诺，京东物流推出的部分城市“211限时达”（当日上午11点前提交的现货订单，当日送达；当日23点前提交的现货订单，次日15点前送达），一方面提高了效率，另一方面为用户节省了时间，超出了用户的期望值。

三、商业话语权更迭下的口碑传播

在 PC 互联网时期，消费者的购买路径往往遵循“漏斗模型”。

“漏斗模型”的全称为“搜索营销效果转化漏斗”，漏斗的五层对应了商家搜索营销的各个环节，反映了从展现、点击、访问、咨询，直到生成订单的消费全过程，在每一个环节，顾客都在不断流失，越往后的环节，剩下的顾客便越来越少，就像漏斗（见图 6－1）。

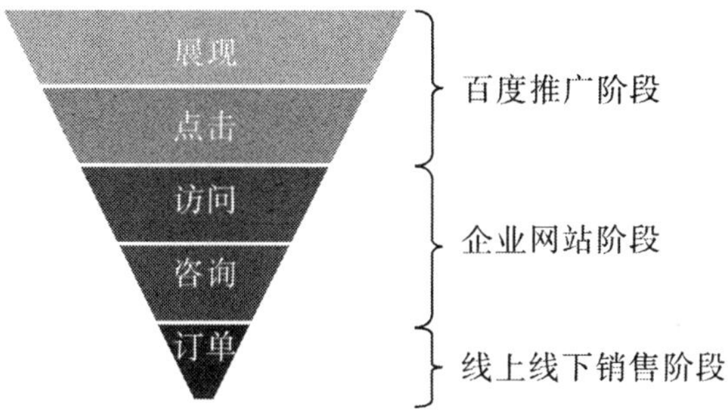

图 6－1　商家搜索营销的“漏斗模型”

在线下门店，顾客的购买行为也是遵循这样一种路径（见图 6－2）。

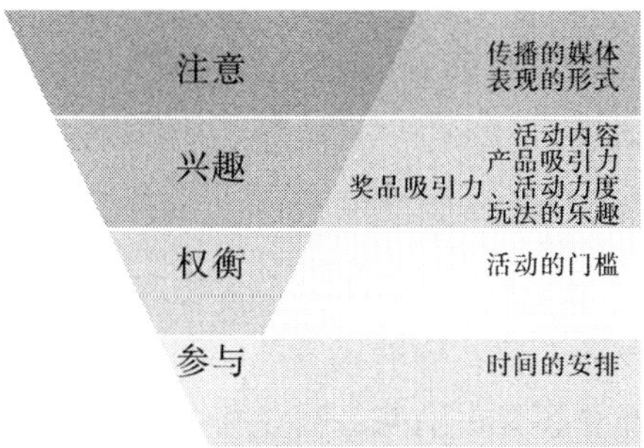

图 6－2　门店顾客购买路径的“漏斗模型”

“漏斗模型”下，消费者的购买决策路径都是从注意（attention）、兴趣（interest）、欲望（desire）、记忆（memory），最后到行动（action），这种模型下，消费者以“关注—兴趣—渴望—记忆—购买”完成一次消费流程，随着购买行为的实施，消费行为也就告一段落。

口碑传播之下，消费者做出购买决定之后，消费行为并没有结束，他们会通过各种线上、线下途径来分享购物体验，从而形成口碑传播效应（见图6-3）。

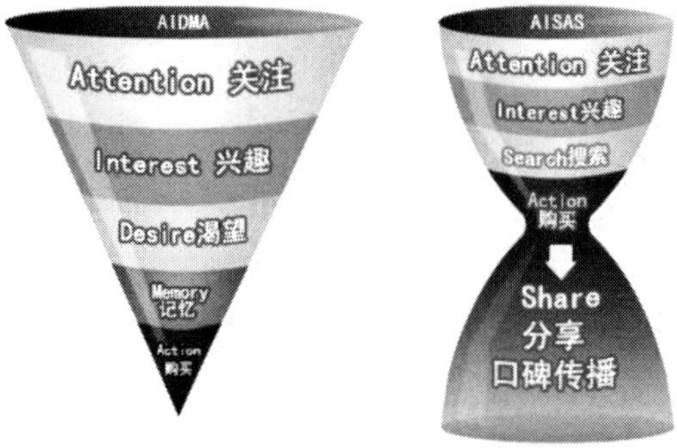

图6-3　传统消费漏斗和口碑传播下的消费模型

零售商的口碑经营，需要把握好以下几个要点：

1. 口碑有正负之分

口碑有正面口碑和负面口碑，对消费过程感到满意的顾客会和人们谈论或在网上发布积极的产品使用感受，不满意的顾客则会发布负面经验或讯息。在网络社会，口碑传播的速度和效应都会呈几何级扩散，在网络口碑产生过程中，消费者会主动处理信息并转化为自己的语言或方式来表达满意或不满意，这是一个持续的内部沟通的过程。当口碑输出时，被认为是消费者体验一个产品或服务而触发了其自身沟通的产物（见图6-4）。

消费者的口碑传播，会影响到更多的消费者，这种影响有可能是积极的，会说服更多的潜在顾客来消费；而消极的口碑传播，则会对商家生意产生不利影响。

所谓“口碑的经营”，即要经营积极的口碑。

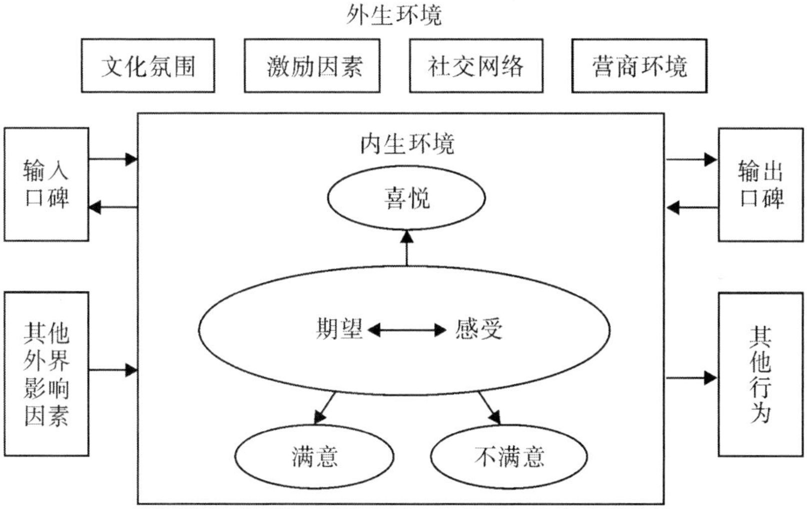

图 6 - 4　网络口碑的扩散路径

2. 好产品（服务）是好口碑的本源和发动机

营销大师科特勒认为，只有卓越的用户体验才能激发用户正面评论（正面口碑），这是口碑营销的基石。

好的产品（服务）就是好口碑的发动机，是所有基础的基础。产品（服务）品质是 1，口碑传播都是它身后的 0，没有前者的 1，后面的 0 都将没有任何意义。甚至，在产品（服务）存在瑕疵的情况下，盲目进行口碑营销，只会带来更大的负面口碑风暴，让商家难以承受。

3. 付诸真诚的情感

客观地说，中国的消费者是很容易被感动的，商家只要用心服务好客户，客户就会想方设法去回报商家，其中一种间接的方式便是口碑相传。

《影响力》一书中提及的互惠原理反映的就是这个道理。人们在接受了别人的帮助与关怀后，如果不回报会有歉疚感，这种歉疚感在客户那就会通过口碑推荐的形式去回报给商家。

4. 培养发烧友，培养种子用户

什么是发烧友和种子用户？

雷军的答案——

“真正的发烧友关注什么？一言蔽之：新奇特、高精尖。产品在某一方面做到极致，就自然能得到发烧友的追捧。这就是小米手机从诞生起就一直追求高性能的原因。只要性能突出、个性鲜明，就一定会有人爱。

“最初爱你、赞赏你的，就是核心种子用户。这些发烧友是人群中的意见领袖，而在消费电子行业中，意见领袖的评价对普通用户的购买决定有很大的影响力。”

零售商需通过极致的产品、极致的服务和极致的消费体验，来打动发烧友，培养种子用户，再由他们借助各种社交媒体来进行口碑传播，才能获得空前的成功。

四、口碑营销：让顾客口碑相传

口碑营销，是指商家在品牌建立过程中，通过消费者之间的相互交流将自己的产品信息或者品牌进行传播。口碑营销的最大特征是可信度高，利用口碑传播所传达的信息渗透率高，达成最终成交的可能性更大。

有研究称，在20%～50%的购买决策背后，其首要影响因素是口碑，尤其是在消费者进行首次购买或者购买产品价值相对高昂的时候。

1. 口碑营销的优势

口碑营销之所以令商家趋之若鹜，在于它相对于传统营销的先天优势（见图6－5）。

图6－5 口碑营销的七大优势

2. 进行口碑营销的基础

口碑传播要想进行得更快、更广、更好，且消费者能自然地、发自真心地去进行正向传播，需要商家做到以下四点的要求（见图6－6）。

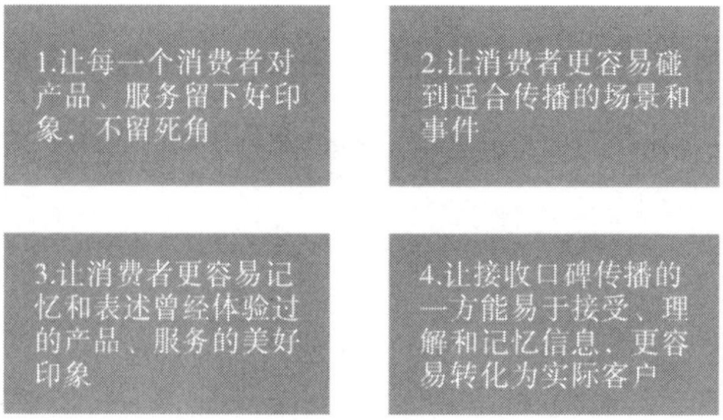

图6-6　口碑营销的四个条件

3. 设法让顾客口口相传

人们买了一件新衣服，感觉这件衣服很漂亮、很值的时候就会情不自禁地向周围的朋友推荐；人们享用了一餐美食，心情舒畅的时候，也会情不自禁地向周围的朋友推荐。

所谓"口碑营销"，其实就是口口相传。

美国有家名为"Flying Pie"的比萨店，该店每天都会确定一个人名，比如"Jack""Rose"，叫这个名字的幸运顾客，会被邀请到店里的厨房制作自己的免费比萨，每天都有5个名额，制作现场会被拍照发布到网络。

新的幸运名字又怎么选？"Flying Pie"会请每个参加过活动的人提供名字，通过投票的方式来确定下一周的幸运名字。

顾客提供的通常是自己身边亲朋好友的名字，并将这种讯息传递给他们，这样，关注比萨店的人群越来越大。

商家为此付出的成本并不高，而且平时由于工作繁忙，来体验免费活动的人并不多，但这并不影响他们四处帮忙传播"Flying Pie"。

"Flying Pie"的聪明之处在于将目标客户群体织成了一张网，通过口口相传的方式让客户带着客户来。

五、少玩套路，才能形成正面口碑

先看几个案例：

案例一：不免费的“免费体验”

王女士逛商场时，被一名美容店导购缠住推荐免费美容体验卡，凭卡可以做一次免费的皮肤护理。架不住对方的游说，又听说免费，王女士就随对方到美容院内做了一次面部护理。

谁料，做好护理后，店员要求王女士办一张3980元的美容会员卡。王女士不想办，对方就称，免费体验卡只享受免费的服务，所用的产品是要收费的，如果不办卡，需要交纳99元的产品费用。张女士虽然很恼怒，但也无可奈何，只得交了99元方得离去。

案例二：“包修”与“保修”

小刘在某商场买了一套组合音响，花了将近两万元。由于担心出现质量问题，小刘和销售人员软磨硬泡，最终对方才同意在保修单上注明“终生保修”。

用了不到半年，音响就出了质量问题，拿去修了一次。

一年后，音响再次出现故障，小刘觉得反正是保修，就送到售后去处理了。让他没想到的是，等他去取回时，对方却告知需要支付100元材料费。

小刘拿出“终生保修”的单据，维修人员看了一眼，说，“保修”和“包修”不是一个概念，“包修”材料费由商家出，而“保修”费用需要消费者支付。

小刘不解，问第一次维修怎么没有收费，维修人员说："第一次是因为音箱还在'三包'期内，出了'三包'期就得收费了。"

小刘气得无话可说，只能吃哑巴亏。

案例三：如此"买赠"

某商业街新开了一家鞋店，橱窗上贴有大大的促销海报"买 1 送 1"，由于新店开张，"促销力度"也很大，不少顾客都抱着"捡实惠"的心理进店选购。起初大家都挑得不亦乐乎，但最后基本上所有人都空手而归。这是为何呢？原来这家鞋店所谓的"买 1 赠 1"竟然是"买 1 只赠 1 只"，让人啼笑皆非。

苏女士也遇到过类似情况。一次，她去某超市购物，看到卖场的豆沙面包正在促销，促销人员介绍说是"买 4 赠 2"，她感觉很实惠，就给儿子买了 1 袋。谁料，回到家拆开一看，包装袋中本来就有 6 枚面包，商家却宣称是"买 4 赠 2"，顿时让人有种上当受骗的感觉。

案例四：先提价再打折

经过无数次电商购物节的洗礼，其实消费者对线上商家"先提价再打折"的猫腻，早已心知肚明。

电商"先提价后打折"的做法并不鲜见，现在很多实体店铺也学会了这一招，纷纷采取"先提价后打折"的方式来牟利。

2017 年 11 月 8 日，"双十一"前夕，有记者曾在某超市看到，营业员正加紧给某些衣服更换价格标签，其中一款原价 199 元的衣服，被换成了 249 元的新标签，新的促销价格为 199 元，前后对比，实际上没有任何优惠。标签的改变，会让顾客误以为占到了便宜。

网友"苗娃种子"也吐槽说，"双十一"活动期间，在大家买买买的氛围影响下，她忍不住赶到商场，发现某品牌女童棉服原价 539

元，促销价格打6折，实际只需323元，感觉还行就买了。回到家上网一查，发现该衣服其实原价是439元，按6折算下来只要263元，她在微博上吐槽说："商场还带改价格的？"

案例中的"忽悠手段"，在现实商业环境中屡见不鲜。体验式营销作为收效快、成本低的强力营销模式，可谓早已风靡各大线下商家，与此同时，也有不少居心不良的商家利用漏洞，设下消费陷阱，设计各种体验套路，玩概念，牟取暴利，破坏行业规则。

俗话说得好："骗得了一时，骗不了一世。"当消费者第一次上当受骗后，第二次肯定不会再光临，而且还会成为这种骗人商家的"义务宣传员"，提醒自己的亲戚、朋友、同事和邻居不要前往这种商家店里消费，而这种负面口碑的杀伤力是非常大的。

因此，请商家不要玩"手段"。

如果顾客追求的是实惠、高性价比，就别强推价格高的；

如果顾客追求简单、方便、易用，就别推荐手法专业的；

如果顾客需要新奇、好玩、有趣，就别推荐大众款式。

少玩些套路，多一些真诚，正面口碑才能逐渐形成。

◎足够专业才能推出爆品。

所谓“专业”，就是聚焦自身的定位，深耕商品，钻研服务，心无旁骛做好核心业务。

案例：“枣糕王”并没有高深的商业逻辑，其爆品之道，说简单很简单，常年如一日的用心和坚持，让自己变得更专业！

◎爆品终极考量标准：让用户尖叫。

案例：“打造让用户尖叫的产品”，这种理念已经浸入雷军和小米文化的骨子里。

◎爆品往往是极致的口碑品。

零售商需通过极致的产品、极致的服务和极致的消费体验，来打动发烧友，培养种子用户，再由他们来借助各种社交媒体去进行口碑传播，才能获得空前的成功。

◎所谓“口碑营销”，其实就是口口相传。

案例：“Flying Pie”比萨店是如何实现最有效率、最高性价比的口碑传播的？

◎少玩套路，才能形成正面口碑。

用户只能被套路一时，不可能被套路一世，商家的骗人套路是打造爆品的最大敌人。

第七章

抢占流量入口

一、流量、连接、裂变

互联网时代也好，新零售时代也好，小而美商家必须明白，需要想方设法做好六字文章，即“流量、连接、裂变”。当务之急，就是要从电商身上学习引流、做爆款；从微商身上学习裂变、做爆款。二者的交集都在爆款，可以说爆款是一种内生性的流量和裂变基因，具有普众性、平价性、快销性的产品都可以说是爆款。

一切生意的本质皆流量，不论是线下零售还是线上电商，都离不开流量。线下商业，追求的是人流量和客流量。电商的命门也是流量，即网站（店铺）的访问量。

流量的获取，需要付出成本，传统零售业的流量成本非常高，电商的流量成本也在日益攀升。未来，谁能掌握流量入口，谁就将获得先发竞争优势。

BAT（百度、阿里巴巴、腾讯）之所以位列中国互联网三巨头，在于他们分别掌握了互联网的三大流量入口：搜索、电商和社交。进而获得流量垄断地位，这是一种最高境界的垄断。

国内中小型电商早期的快速发展，主要得益于低成本。早期的互联网电商有“三个零”的说法：零成本、零时间、零空间。

电商初期的低成本，主要得益于电商平台的免费流量引导，比如，淘宝网早期就通过免费流量支持，捧红了一大批淘品牌。如今，这些淘品牌失去免费流量支持后，普遍进入发展瓶颈期，只得花钱买流量。

通常，电商由于没有店面、没有过多的中间环节，而享有得天独厚的成本优势。但如今，这种优势已经不再。

我们来看一下传统实体零售和电商的成本构成（见图7－1，图7－2）：

图 7-1　实体商业的成本构成

图 7-2　电商的成本构成

通过上图对比，可以发现，在既定货品和商业模式下，影响传统实体零售业绩效的主要外部因素是地段与租金，影响电商绩效的主要外部因素是流量成本和物流成本。

而租金和流量成本的变化，正影响着传统商业和电商成本的变化。现在来看，传统零售业的租金上升速度已经大大减慢。与此相反，电商的流量成本却越来越高，再加上物流成本已经迫近黄金交叉点，电商成本一旦突破黄金交叉点，成本就要高于传统零售业，电商发展势头就会受到遏制。

这并非危言耸听，不论是平台综合电商，还是垂直电商，抑或寄存于各大平台的中小型电商，要获得流量，必须支付宣传费用，而电商产业结构的特点决定了流量成本将会越来越高。

大家普遍认为的电商成本低，如今已是一个伪命题。对此，苏宁集团副董事长孙为民曾表示："比如大家普遍说网购便宜，为什么？因为效率高。但其实这个是伪命题，是经不起推敲的。（电商）成本并不低。尤其是做小件商品或者单价在一定范围内的商品，可以说线上没有优势可言。以图书为例，一本 30 元的书，打七折销售之后是 21 元，以做得最好的同城物流来算，一本书运费大概 3 元，那么还剩 18 元。然而这是以最低物流成本计算的，一般平均的物流成本是 6～8 元，做得不好的可能超过 10 元。

还要扣除采购成本、网站维护费用、宣传推广费用等，所以没什么利润的空间了。做图书起家的亚马逊，后来的创新是电子出版。”

目前来看，电商业务模式确实存在高成本、低利润、容易亏损的缺陷，事实上，线下零售业成本结构比电子商务还要简单，总体成本还要低。

这是一个值得警惕的趋势！

二、流量入口演变

来看一个关于销售额的公式：

销售额 = 流量 × 转化率 × 客单价

流量是任何企业或者商家的必争之地，得入口者得金钱。互联网时代，入口更是决定商家生死存亡的关键要素。

随着互联网由诞生到成熟再到普及，电商交易入口也几经演变。

1. 第一代电商交易入口：流量

对于从事电子商务的企业、商家而言，流量大不大是生意好不好一个非常重要的衡量指标。在他们看来，流量和现金流是同等重要的。他们甚至认为，只要有了流量，就有了销量。根据转化率，吸引 1000 人点击，即使成交不了 100 人，至少也能有 10 人成交。

在这个阶段，电商最重要的问题，是解决如何引流的问题。

流量之于电商的重要，是由于交易机会的稀缺，线上流量相当于线下的客流，意味着交易机会。

2. 第二代电商交易入口：内容

移动互联网的发展和智能手机的普及，让消费行为呈现出碎片化趋势，消费者手持移动终端随时随地都可以进行消费，购物消费不再是一个有目的性的行为。

传统的商品流量入口，对消费者不再有吸引力，他们开始对新鲜的、优质的内容感兴趣，需要的是能够帮他们在海量的商品中做出筛选与甄别的内容，以便快速找到最符合他们兴趣点的商品和服务。

在移动电商时代，内容化身为“导购”，优质内容能让用户产生共鸣，让他们积极分享转发，获得额外流量。

另外，优质内容本身也能得到各大电商平台的流量扶持，得到优先展现，从而抢占电商消费入口。

3．第三代电商交易入口：知识

知识入口，是“罗辑思维”等知识自媒体一直在探索的互联网交易入口，知识入口不同于上面谈到的内容入口。

关于这一点，罗振宇的解读很有代表性——

“我们现在看到的内容更多的是搞笑、搞怪，利用各种实时的热点，各种各样贴心塑造的内容。但是我所讲的知识入口并不是这个。不知道大家有没有注意到一个现象，当你问自己的父母、老爷子过生日要点啥，我送你。他们基本上都是说我啥都不要。为什么？其实缺的并不是消费意愿和消费能力，缺的只是消费认知。没有消费认知在这个时代已经没有消费能力。

“其实这跟前三代入口不一样，第一它不是流量，第二跟价格无关，第三它也不是网红，长得也不好看，又毫无魅力，只是因为它握有相关知识。所以现在国家在谈所谓的供给侧改革，我不知道经济学家怎样诠释。在我看来是我们需要增大供给的可能，在这个时代增大供给的可能恰恰是在知识侧提高起来。

“虽然到现在还没有太多的例证说明，但是我坚信将来羽毛球相关产业的大咖一定是一个羽毛球教练出身的人，或者是有相关知识的人，红酒相关、威士忌酒相关、旅游相关、体检相关等。我坚信已经握有知识的人会成为入口。”①

4．第四代电商交易入口：人格

人格化的、品牌化的“人”，即当前正火的IP。

举个例子，假如你所喜欢的内容和知识都是由某一个“人”（某个自媒体、公众号、网红、平台、品牌等）持续创造时，你就会由于信任而喜欢，由于喜欢而订阅，成为他的粉丝，你会信任他，甚至成为其付费用户，对其推荐的商品也来者不拒。这时，你对他的信任就已经升级到了人格的层面。当无数用户对其人格产生信任时，品牌效应就会产生，他就会

① 罗振宇在2016年商业服务生态峰会上发表的主题演讲，2016年3月2日。

成为一个被粉丝所认可的个人品牌，而粉丝就是他的流量。

这样，人格就成了交易的入口，而品牌化的“个人”就成了 IP。就像罗振宇所说：“对于信任的稀缺度，就是我到底要信谁。一个清晰被广泛接受的人格，它应该可以整合成为商业链的入口。比如网红不断地变成一个现象，这就是一个人变成商业入口的例子。对于一个人的信任其实可以造就一个‘限时扭曲层’。”

粉丝大多是忠诚的，他们不在意哪个平台，只会跟着 IP 流动。

未来最重要的流量入口一定是“人”，是 IP，而不是平台。所以拥有优质的产品只是第一步，更重要的是需要提供优质的内容吸引认可自己的粉丝，最终让自己成为流量入口，而不必再寄生于某个平台。

三、知识自媒体电商：自带流量的零售新物种

移动互联网时代，传统电商受到了挑战，面临商品过剩、同质化、价格战、匹配度低、客户忠诚度低等问题。移动电商则呈现出被优质内容、被社交、被社群引导的新趋势。

这样的背景下，移动电商覆盖开始人以群分，电商主体则围绕人和社群做对应的产品投放。谁能抢占社群入口，谁就能拥有良好的用户口碑；谁能网罗一批粉丝，谁就能对粉丝进行潜移默化的定向销售。这是移动电商重要的发展方向。“罗辑思维”的用户、“吴晓波频道”的用户，都是已经被圈定的社群，属知识自媒体在电商领域的尝试，试着进行衍生实体产品的销售。

知识自媒体介入传统电商领域进行衍生产品销售，具有得天独厚的优势，能解决传统电商难以化解的难题和痛点。

1. 信任的问题

买卖是基于人与人之间的信任，只有信任的鸿沟被消除，购买才会发生。这也正是微商生意相对难做的致命因素所在——消费者普遍对卖方缺乏起码的信任。

对于知识自媒体、知识网红而言，则不存在信任的问题，他们通过严格的认证审核规则和长期分享知识所积累的粉丝信任，足以支撑他们建立起知识服务市场和基于知识分享的电商市场。

再者，知识自媒体主体本人的人格背书，也能够充分填平和粉丝间的信任鸿沟。

2. 变现的问题

有了粉丝，有了信任，变现就不再是问题。

2014 年 6 月，罗振宇第一次尝试在“罗辑思维”粉丝圈销售图书，结果，定价 499 元的图书，在不到 2 分钟的时间里，竟然售出了 8000 套。

图 7-3 “罗辑思维”官方店——好物

牛刀初试成功后，“罗辑思维”迅速增加了产品种类。2015 年，“罗辑思维”仅仅通过微信小店上的几十种图书，在坚持原价出售的底线下，销售收入就突破了 1 亿元。

“罗辑思维”的商业模式成功从付费会员制扩展到自媒体电商，如今除了图书和各种付费知识产品外，“罗辑思维”电商平台上的产品进一步丰富（见图 7-3），解决了变现的问题。

“吴晓波频道”的电商平台也不遑多让，2015 年 6 月 18 日，吴晓波在微信公众号电商平台推出集个人信誉、人格于一体的“吴酒”（见图 7-4），不到 2 天的时间，就卖出了 5000 多瓶，入账近百万元。

图 7-4 “遇见美好的店”中售价 159 元的“吴酒”

3. **忠诚度的问题**

回顾一下第四章内容，谈了顾客忠诚度的问题，相对于传统电商消费者多处于冲动型忠诚层面，自媒体电商有很大不同，他们是基于高黏性、高忠诚度的粉丝而展开的商业活动，其消费者的忠诚多属于情感型忠诚和行为型忠诚。

四、自媒体的社群打造策略

前面我们初步介绍了社群和知识社群，我们知道传统知识难以变现的一个重要因素在于，知识产品提供者和知识消费者之间缺乏有效链接，知识提供者面对的是一张张模糊的消费者的脸，而知识消费者也只能被动接受知识输出者固定模式的打包产品。

消费者决定消费之前要越过一道信任的障碍，这会让他们的消费积极性大打折扣。

而社群经济模式的出现，打破了这些知识变现的魔咒，社群以其人格化、强链接、即时反馈、高频互动等特征，弥补了知识输出者和知识消费者之间的信任缺陷。

《艺术很难吗》主讲人“意公子”潇涵，在2013年创建了致力于推进艺术公众化的自媒体“意外艺术”，他借助轻松有趣的方式将高冷的艺术知识向普通用户传播、普及，迅速成长为国内最大的互联网艺术社群，依托社群粉丝，“意公子”的电商生意开展得颇为红火，他曾经数次在一天之内卖掉了别人积压了好几年的库存货（见图7-5）。

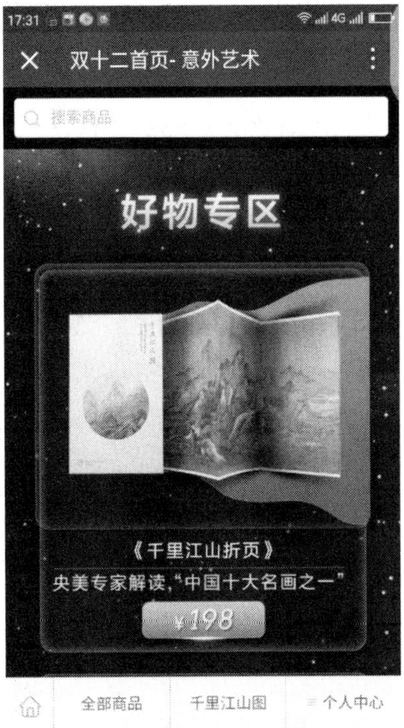

图7-5　“意外艺术”微信店铺

当下的自媒体、内容创业者、知识提供者，需着手搭建自己的社群，构建基于社群的生产系统，用吴晓波的话说就是“自社群和自生态”。

1955 年，卡尔·波普尔曾提出一个观点，称世界上有两种模式，“钟”模式和“云”模式。“钟”就是内外界线清楚，用不同的零件构成，有分工，可以画出蓝图，可以不断优化，可以复制；“云”则各不相同，没有完全一样的，没有界线，内外一致，没有分工，无法复制，每朵“云”都有自己存在的价值。

知识自媒体属于“云”的范畴，各有侧重，核心能力各不相同，都有自己对应的生存空间和社群粉丝。

在运营各自的“云”社群之前，需要做好相应准备。

1. 潜心积累，水到渠成

吴晓波称：“能够将人从广场上拉到社群里的只有内容，互联网只是提供了一个手段。因此，社群的红利属于内容者，而非连接者。”

形成社群的前提是长期优质内容和知识的分享，是长久在无报酬的情况下默默无闻的耕耘，任何社群的打造都不是一蹴而就的。

来看自媒体“微电商之家”对这个问题的描述：

“为什么大家都对你很认可呢？如果你有看过我的微信公众号：微电商之家，你就会明白了。这个认可，不是一朝一夕的。是经过了大半年之后的结果。我运营这个公众号，将自己的一些心得都无私地分享给大家，当大家每天都习惯看这个账号文章的时候，说明已经对你的账号、文章，及背后的运营人员产生了连接。由于文章内容比较接地气，不管是对微商新手，还是对老手，看了都会觉得有用。然后在文章中，提供了我自己的私人微信，他们看了一段时间文章，基本也知道我大概是个怎么样的人了，然后加我之后，我都会与大家简单地闲聊一下，也会简单地给他解答一些问题。

“这样一来，一方面，逐渐产生了情感。另外一方面，我每天分享一些微电商的文章，大家就会觉得我在这方面比较有经验，愿意与我交流，一起探讨。所以，当大家有机会一对一与我深度交流的时候，哪怕是付点小费，也是愿意的。”①

社群的打造，是一个厚积薄发的裂变过程，急不得。

2. 社群运营四要素

打造知识社群，需要回答以下四个问题：

第一，社群的定位是什么？

社群定位同个人专业方向密切相关，即你所提供的内容和知识满足的是哪些人群，那么社群就是要定位在这些人群身上，设法吸引他们进社群。

第二，目标人群在哪里？

知识自媒体的用户和粉丝是一个逐渐积累的过程，要注意口碑传播，口碑好，用户就会争相传播，介绍新的用户，发展新粉丝。根据惯例，第一批粉丝积累会比较困难，一旦完成了粉丝的原始积累，且能持续为粉丝提供优质内容和价值，就能换来用户的裂变式增长。

另外，也可借助一些必要的推广措施，比如同别的自媒体互换粉丝，或借助大 V 的力量去推广。

第三，社群能给用户带来什么？

这一点至关重要，用户加入社群，一定有所图，要么是知识，要么是经验，要么是潜在的机会和财富。

比如，“罗辑思维”社群得以形成并壮大的关键原因，在于它能为粉丝提供高质量的知识分享，这些知识以通俗易懂的方式传达给粉丝。有了价值的传递，社群关系才能持久。

第四，何时考虑变现的问题？

打造社群的最终目的，是为了知识的变现，况且维护社群本身也需要付出人力、物力上的成本。不去考虑、设计盈利模式，社群一样无法长久。关于何时变现的问题，有四个影响因素（见图 7－6）要考虑。

---

① 不理朝的王爷：《干货：如何正确理解微信粉丝数、阅读数和价值变现》，《品途商业评论》，2015 年 8 月 4 日。

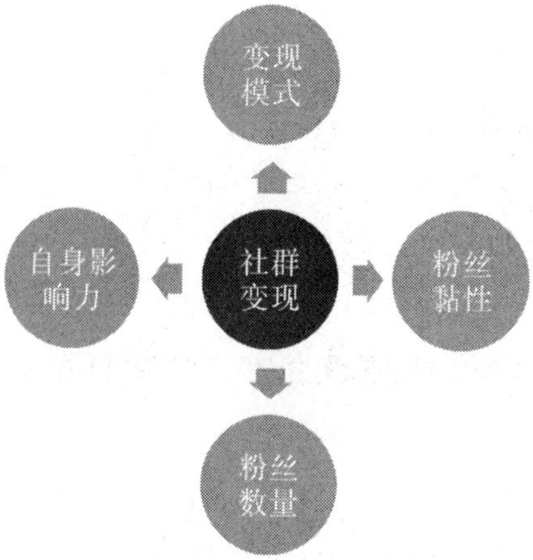

图 7－6　社群变现的影响因素

只有当知识自媒体自身影响力（人格魅力）达到一定程度，粉丝量突破一定临界点，粉丝具备较强的忠诚度，且有合适的变现模式时，方可考虑变现的问题。

否则，如果只是跟风去打造社群，不去深思建群的目的，没有稀缺知识和价值的输出，只想借助社群去获利、从粉丝身上套现的话，那社群很快就会死掉。

五、打造粉丝社群

先来了解几个概念：

第一，什么是社群？

传统意义上的社群，符合如下特征：有稳定的群体结构和较一致的群体意识；成员有一致的行为规范、持续的互动关系；成员间分工协作，具有一致行动的能力。

第二，什么是网络社群？

艾瑞咨询在《2016年中国网络社群研究报告》中，给网络社群下了一个明确的定义——

“有共同爱好、需求的人组成的群体，有内容、有互动，由多种形式组成。社群实现了人与人、人与物的连接，提升了营销和服务的深度，建立起了高效的会员体系，增强了品牌影响力和用户归属感，为企业发展赋予新的驱动力。”

今天，我们所言的社群更多的是网络社群，在吴晓波看来，“（网络）社群是一种基于互联网的新型人际关系”。

网络社群同社区、社交网络有所不同（见表7－1）：

表7－1 网络社群同社区、社交网络的区别

	网络社群	社区、社交网络
形成	社群的形成由管理者主导	完全由个体主导
结构	社群是制度化的	社区、社交是自由化的
关系	强关系	弱关系
输出	传播较快	传播较慢

网络社群相对于社区，属互动性更强的“强关系”，社群成员之间往往建立了强链接（见图7－7）。

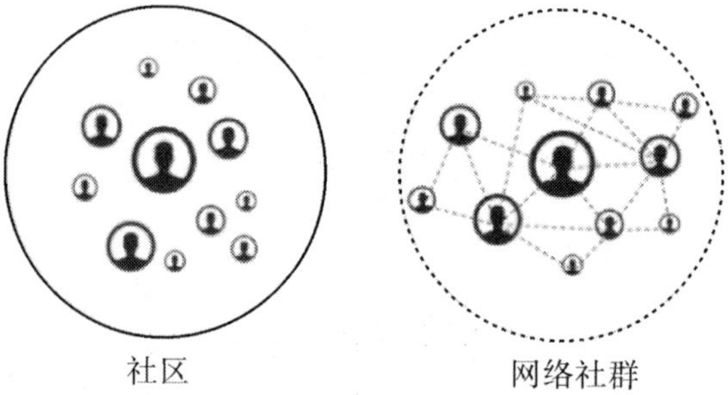

图7－7 网络社群和社区的拓扑图

第三，什么是社群经济？

有社交的地方就有人群，有人群的地方就有市场，有市场的地方就有商机，有商机的地方就有经济利益。

早期，腾讯凭借免费策略聚拢的庞大用户群，成了腾讯最宝贵的财富。腾讯也由此铸就了企业的核心竞争力——客户端渠道的垄断性地位。在庞大的客户资源依托下，腾讯再横向拓展一个新的业务阵地，甚至无须太多创新，无须太多市场推广投入，仅是凭借客户渠道的垄断性优势这一点，就能获得令竞争对手羡慕不已的丰厚回报。

拥有了网上最庞大最忠诚的用户群体，腾讯有资本也有胆量向所有的互联网服务领域出击。腾讯以即时通信（IM）为核心依托，以QQ、微信为平台，低成本地扩张至互联网增值服务、网络游戏、移动及通信增值服务和网络广告。

腾讯在互动娱乐、互联网增值、门户等领域的崛起路径，更加佐证了用户群对网络公司的至关重要性，而有了庞大的QQ、微信用户群做支持，腾讯在扩张路上几乎是摧枯拉朽。曾有企业家感言说：“那么大的活跃用户量，插根扁担都能开花。”

社群用户，相对于腾讯的用户，黏性更强，经济价值更高，变现潜力更大，这是互联网社群经济的魅力所在。

吴晓波认为，社群的商业意义表现在：

其一，社群能够让消费者从“高速公路”上跑下来，形成真实的闭环互动关系，重新获取信息和利益分配的能力；

其二，社群让互动和交易的成本大幅降低，从而令优质内容的溢价得以实现，而消费者的支付成本也得以下降；

其三，社群能够内生出独特的共享内容，彻底改变内容者与消费者之间的单向关系，出现凯文·凯利所谓的“产销者”。①

在吴晓波的逻辑里，社群同优质内容有着重要关联。而免费的优质内容分享恰恰是聚拢人气、吸引粉丝、形成社群的关键所在。

能提供高质量内容的知识提供者是产生优质社群的源头，吴晓波介绍过自己亲身经历的一个案例——

“涨粉最多的那一天，一定是写出了一篇好文章。比如我写的《去日本买了个马桶盖》，当天就增加了1.8万粉丝，第二天又增加了1万。没有任何的侥幸，粉丝都是一枪一枪打出来的。”

只有当客户变成用户，用户变成粉丝，粉丝变成朋友的时候，才称得上是社群。

未来，是社群与社群之间的竞争，谁能吸引更多的优质用户进社群，谁能占用社群用户更多的时间，谁就能抢占先机，形成竞争优势。

在一个成熟的社群生态中，社群领袖要能够满足用户在产品体验、信息补充、热度、参与感、价值认可上的需求（见图7-8），如此，社群

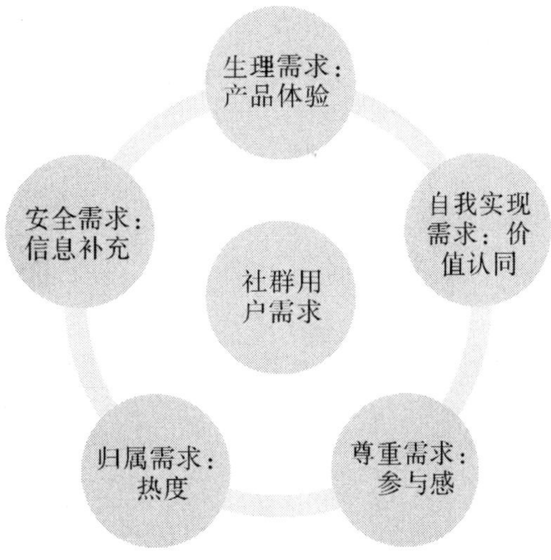

图7-8 社群用户的五大需求

① 吴晓波：《我所理解的社群经济》，吴晓波频道，2016年2月16日。

才能高效、良性运作。

成熟的社群生态搭建起来之后，就可基于社群，设计相应的商业模式、盈利模式来考虑变现和营收。于是，我们看到了吴晓波的“美好PLUS”、金错刀的“爆品会在线课堂”等基于社群的盈利模式和变现模式（见图7－9）。

图7－9　“美好PLUS”与“爆品会在线课堂”

六、新零售的大 IP 时代

IP，是英语“Intellectual Property”的缩写，直译为“知识产权”，是指“权利人对其所创作的智力劳动成果所享有的财产权利”，一般只在特定周期内有效。

IP 的表现形式主要有音乐、小说、电影、电视、动漫、游戏等文化产品（见图 7－10）。

图 7－10 IP 的形式

2015 年，被认为是中国 IP 的元年，互动娱乐开始大举进入 IP 领域，“网络文学—影视—游戏”的 IP 开发脉络初见成效，IP 衍生的大知识产权已经覆盖到互动娱乐的全产业链。

如今的 IP，已经大大超越了文学作品，也超越了传统知识产权的范畴，举例来说：网红可以成为一个 IP，比如 papi 酱；自媒体也可以成为一个 IP，比如罗辑思维、吴晓波频道；甚至于，一个故事，一个形象，一首歌曲，一个 ID（账号地址）都有机会演化成一个个 IP，即互联网商业的新交易入口。

这里的 IP，更多是指一个形象或一个“故事核”，是更宽泛的内容，可以在多个领域，以不同的视角被解读、被演绎、被产品化，从而实现更宽泛的商业价值。

判断一个内容、一项知识产品是不是 IP，有一个简单的标准：即这项内容和知识产品，能否凭借自身的爆发力，摆脱单一平台的制约，在多个平台，以多种维度实现产品化，获得流量和关注，进行分发，拓展内容和知识产品的变现渠道。

大 IP 时代，IP 大致可以分为三种：

1. 创始人 IP、个人 IP

个人 IP 多以行业、企业领袖为主，他们通过媒体传播、峰会论坛、内外部活动等方式，制造话题、事件，来提升个人影响力，使受众从关注其本人逐渐延展到关注其商业理念、企业运营、提供的产品和服务、个人思想和价值观等，达到营销宣传效应，为企业创造价值。

王健林用 28 年时间，将万达从一个中国地方企业打造为世界一流跨国企业，资产从 50 万元裂变为 6340 亿元……外界对万达充满了好奇心，而王健林通过出版《万达哲学》① 一书满足了公众的好奇心。《万达哲学》上市 15 个月，销量已突破 75 万册，进入超级畅销书行列，该书的英文版首印 5 万册，在多个国家同时销售。

2016 年 1 月 16 日，王健林在 2016 年万达集团新春联欢会上献唱了一首崔健的歌曲《假行僧》，据清华大学媒介数据研究中心统计，截至 2016 年 4 月 18 日，王健林的《假行僧》演唱视频的全球点击量已高达 25 亿次。这是一个什么概念呢？当年韩国红极一时的鸟叔，其《江南 Style》的视频 1 年的全球点击量也不过 23 亿次。

这两件事，让王健林成了一个超级 IP，也为国内企业家的整体形象注入了新的元素：更加真实鲜活，更加有血有肉。

2. 专业 IP

以专业知识为依托，寄居某个行业，持续输出高质量内容和知识，成为行业专家和意见领袖，并演变为专业 IP，如李翔、吴晓波。

3. 产品 IP

产品 IP 在互联网手机品牌领域比较明显，比如小米手机和锤子手机，他们借助各类话题营销、网络营销手段和互联网运作思维，将产品品牌打造成为一个 IP。

在罗振宇看来，罗永浩和他的锤子手机都是 IP。

另外，在衡量一个内容是否能称其为 IP 时，还有几个注意事项：

---

① 2014 年 1 月由中信出版社出版。

1. 单一平台流量表现佳，未必是 IP

IP 一定具有跨平台爆发、变现的潜力。只是单一平台的高流量，谈不上是 IP。比如，央视黄金时间播出的抗日剧，其收视率可能要比《花千骨》《琅琊榜》和《芈月传》更高，但这种收视率（流量）是借助特定平台，可能在其他平台难以复制再现。

2. IP 未必是虚拟形象

IP 可以是内容，可以是文学作品，也可以是有形产品和实实在在的人。譬如前面谈及的创始人 IP、专业 IP。

再如，一些明星和一些娱乐节目也可以构成 IP，比如湖南卫视真人秀节目《爸爸去哪儿》，凭借其优质内容，在电视、网络等多个平台上都实现了分发，关注率颇高。

3. 知识产权形式多样

自媒体人王尼玛的“暴走漫画”最初是凭借创作姚明新闻发布会的一个暴走表情而走红（见图 7－11），其后，围绕这个主题，王尼玛陆续拓展出了包括脱口秀、表情包、手游等诸多内容形式，完成了 IP 化进程。

图 7－11 “暴走漫画”创作的姚明表情漫画

七、IP 电商：打通内容和商业间的壁垒

所谓“IP 电商”，是以自带流量的 IP 内容为核心，以社会化媒体传播为手段，以社群运营为方式，延伸而成的一种新型社群电商模式（见图 7－12），它成功打通了内容和商业间的壁垒，缩短了知识提供者的变现通道。

传统电商模式，并不包含流量资产，其流量基本上来自于购买的用户，无法重复利用，难以形成流量资产。

IP 电商，属社交电商模式，自带流量，流量来自于内容、知识分享和粉丝互动，具有较高的黏性，可以积累，能够循环往复利用，有助于在用户和产品之间形成良性循环。

在 IP 电商生态系统中，内容是基础，社群是具有认同感的流量资产，而电商是变现的手段（见图 7－13）。

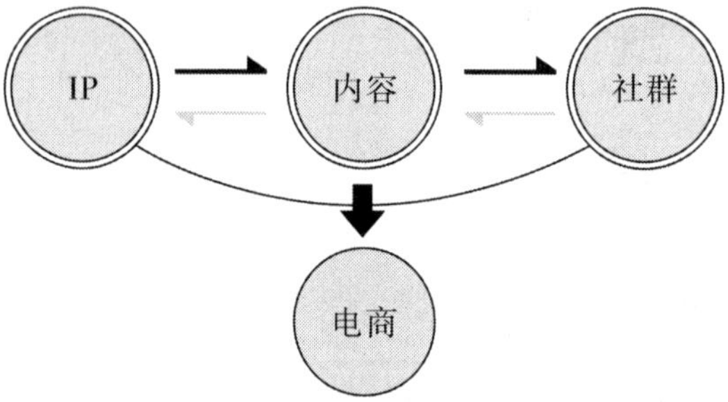

图 7－12　IP 电商生态系统

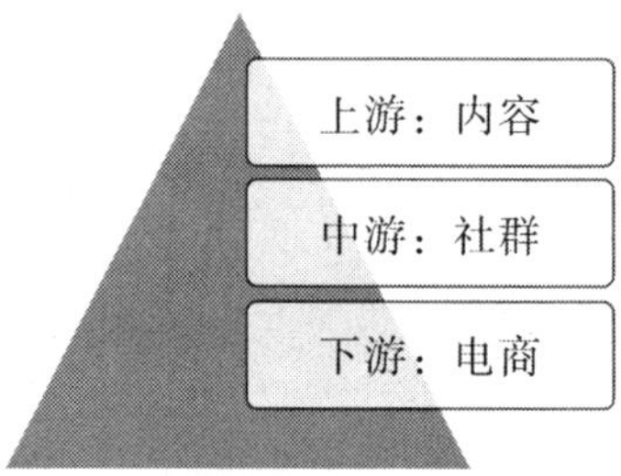

图 7－13　IP 电商产业链

1. IP 电商的特征

第一，IP 电商是一种粉丝经济。

IP 电商自带粉丝流量，是通过社会化媒体传播而产生的一种粉丝经

济。举例来说，“德云社”的岳云鹏拥有大量粉丝，他将粉丝导入“点点客”公众号“岳来越好”，搭建了个人V商城，用来推广个人节目和相关产品，这就实现了IP电商化，收获的是粉丝经济的红利。

第二，IP电商的关键在社群。

在IP电商时代，每一个具有粉丝的IP都可以发展电商，而IP电商的关键在于社群，在于社群的容量和质量。通常，一个微信公众号、一个微博、一个微商城就能聚拢起一个社群，将离散的用户聚集在一起，通过对社群用户二次聚集和分层，可以实现精准营销、精准销售。

第三，IP电商是最短的变现交易入口。

IP电商是一种最具效率的流量变现模式，因为IP本身具备人格化、符号化特征，它们不仅能够创造新的用户流量，提高用户黏性，还可有效打破社群用户的信任壁垒，顺利实现商品的渗透和销售，是一种变现路径最短的交易入口。

第四，各不相同的流量特征。

每个自带流量的IP，都有别具一格的流量特征，比如：papi酱的流量特征是吐槽、反讽、草根逆袭；张大奕的流量特征是颜值、会搭配、主要看气质；罗永浩的流量特征是特立独行、匠人气质；罗振宇的流量特征则是自带信息、不装系统、随时插拔、自由协作。

流量特征是IP的识别符号，会直接影响粉丝类型和社群气质。

第五，受众人群对其有高认同感。

受众人群（粉丝、社群）对特定电商IP有着高认同感，认同特定的IP，喜爱并认可其价值观。

第六，超强的生命力。

优秀的IP打造的IP电商持续性强、辐射范围广，围绕优质IP进行的电商布局，通常具有较长的寿命，能实现IP价值的最大化。

2. 打造IP电商供应链

IP的价值并非恒定不变，需要用持续高质量的内容产出来进一步捍卫和巩固IP价值，否则，就难以实现持久的价值和口碑扩散，还容易导致固有用户的流失。

因此，运营 IP 电商的同时，还要打造出一条 IP 产业的供应链，从 IP 上、下游相关资源进行布局，为 IP 的发展提供持续的动力及后方保证。

IP 电商的实现，有三个步骤：

第一步：实现“电商内容化，商品人格化，流量社群化”；

第二步：做到“内容商品化，人格 IP 化，社群流量化”；

第三步：推进“IP 品牌化，社群亚文化，流量平台化”。

【案例】每天听见吴晓波：年订阅收入超 3000 万元

民谣歌手李志有一首歌名叫《这个世界会好吗》，哲学家梁漱溟也问过同样的问题，还出版过一本同名图书。

这个世界会好吗？

如今依然是个难以准确回答的问题。

相对而言，个体的个人生活会不会变得更好？这一具体的微观问题要更容易给出答案一些，“每天听见吴晓波”即在致力于认真回答听众的这一问题。

“每天听见吴晓波”是由知名财经作家吴晓波推出的付费知识型音频节目，于 2016 年 7 月 5 日在音频分享平台喜马拉雅 FM 正式上线。

它的定位是“一档解答人生疑惑的音频节目”，目的是在碎片化、大爆炸的信息时代，为关心商业、财经的人群从独特的角度筛选、过滤信息，分享真诚的观点、解读和答案，提供高质量的知识产品和精品内容（见图 7－14）。比如——

房价持续走高形势下，该不该买房？

当物价越来越高，靠工资吃饭的人如何进行资产配置？

竞争日趋激烈的职场环境下，个人当如何提升自己？

……

图 7－14 “每天听见吴晓波”内容主题

每期音频节目的长度为5分钟左右，相当于一首歌曲的长度，听众可以在乘车、候车、开车、健身、跑步、做饭、睡前等碎片化场景中随时随地学习商业智慧、化解人生疑惑。

“每天听见吴晓波”音频节目的年费为180元，仅“吴晓波频道”微信公众平台的订阅粉丝就已经突破了185万人，保守估计，至少有1/10的粉丝会选择付费订阅该音频节目。

如此，我们来算一笔账，185000×180元=3330万元。

这一数据还在不断增长中，且仅仅是包年订阅收入，并不包含社群电商的零售销售收入。

在互联网知识付费已成为风口的当下，精明的受众之所以愿意消费“每天听见吴晓波”，并不是没有缘由的。

1. 优质内容的过滤、提炼

移动互联网时代，各类碎片化信息浩如烟海，网民几乎能通过互联网免费获取所有信息，为何还有用户愿意付费购买信息、内容和知识产品呢?

在信息过载时代，即便获取免费信息，也需付出相当的时间成本，况且由于个人判断力的差异，获取的信息质量必然会良莠不齐。正如吴晓波所言:“我们每天都被潮水般的新闻所包围，被很多似是而非的观点所困扰。什么是真的? 什么是理性的? 什么是富有建设性的? 互联网让信息传播的速度大大加快，但同时也造成了思想的噪声和资讯的泛滥化。”①

于是，一个获取知识的捷径就产生了——由行业牛人来筛选、甄别、提炼、整合信息，实现价值最优化。

这个世界不缺信息，缺少的是筛选。吴晓波提供的就是这种筛选服务，他表示，“在这个付费节目中，资讯将被理性解读，知识将成体系地呈现。每天，我将从一个现象或新闻出发，抽丝剥茧，告诉大家我的立场

① 中新社:《吴晓波的首档付费音频靠啥吸引雷军、柳传志等大佬掏腰包》，中国网，2016年7月5日。

和观点，同时我也会尽可能在节目中回答大家提出来的各种问题。”①

信息筛选、知识加工者需要具备相当的高度，并非人人可为，柳传志曾称赞吴晓波：“他的节目有高度，结合实际，而且很风趣，他确实是个优秀的观察者、记录者，也是一位非常有深度的思考者。”

和柳传志一样，小米公司 CEO 雷军、万通集团董事长冯仑、香港文人梁文道、天使投资人徐小平都是吴晓波的付费听众（见图 7－15）。

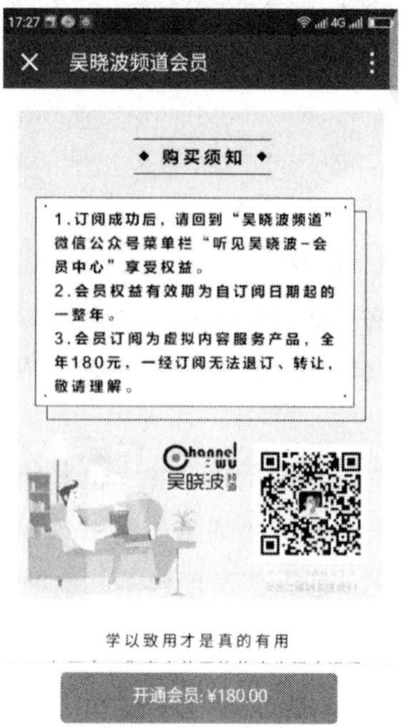

图 7－15　“每天听见吴晓波”微信公众平台订阅界面

2. 即时、聚焦的知识分享

相对于传统信息、知识获取上的延时、分散，通过网络平台可以即时消费付费语音知识，获悉最前沿讯息和有价值的知识内容。而源自同一人的内容，让知识更聚焦、更具连贯性，一脉相承，避免了杂乱散漫。

“每天听见吴晓波”的定价策略很有讲究，180 元大致相当于传统纸质

① 中新社：《吴晓波的首档付费音频靠啥吸引雷军、柳传志等大佬自掏腰包》，中国网，2016 年 7 月 5 日。

杂志和纸质报纸 1 年的订阅价，能为大部分受众所接受，也因此蚕食了不少传统纸媒的市场空间。

3. 付费壁垒及付费效应

经由大咖之手加工制作的付费知识比免费知识更有价值、更稀缺，付费模式同时也是一道天然屏障，必然将大部分人群阻挡在门外，只有少量付费用户可以充分享有、吸收优质内容，久而久之，付费用户的竞争优势就会凸显出来。

再者，付费效应在无形中也能督促用户坚持每日去听、去学习、去吸收，不然花的钱就浪费了，道理就像“书非借不能读也”。

4. 社群效应

“每天听见吴晓波”是一档偏重知识性的节目产品，付费模式将让它成为一个半私密的知识空间，遍布各地的吴晓波线下书友会就是它的一个产物，吴晓波社群在付费知识产品社群中称得上是佼佼者，属优质社群。

用户乐于在得到付费知识的同时，进入一个全新的社交圈子，发现更优秀的人，接受熏陶，开阔视野。

新零售爆品思维：抢占流量入口

◎抢占流量入口，打造流量爆品。

一切生意的本质皆流量，不论是线下零售还是线上电商，都离不开流量。而小而美商家必须明白，要想方设法做好六字文章，即“流量、连接、裂变”。

◎知识自媒体电商：自带流量的零售新物种。

谁能抢占社群入口，谁就能拥有良好的用户口碑；谁能网罗一批粉丝，谁就能对粉丝进行潜移默化的定向销售，这是移动电商重要的发展方向。

案例：“罗辑思维”，从付费会员制到自媒体电商。

◎自媒体，可以打造成爆品社群电商。

案例：“意外艺术”，是如何通过社群电商“倾销”艺术品的？

◎打造粉丝社群：成熟的社群生态搭建起来之后，就可基于社群，设计相应的商业模式、盈利模式来考虑变现和营收。

◎IP 电商：打通内容和商业间的壁垒。

IP 电商，属社交电商模式，自带流量，流量来自于内容、知识分享和粉丝互动，具有较高的黏性，可以积累，能够循环往复利用，有助于在用户和产品之间形成良性循环，最容易产生爆品。

案例：“每天听见吴晓波”，年订阅收入超 3000 万元。

第八章

精准营销：从“小而美”到“小而精准”

一、小众消费的苏醒

《体验经济》一书作者约瑟夫·派恩（B. Joseph Pine II）和詹姆斯·吉尔摩（James H. Gilmore），将产品或服务趋同的现象称为“商品化”，“商品化”意味着标准化的产品和服务抹杀了个性，无法给消费者提供独特性的感受。当今，大众化的标准产品或服务已经日渐失势，消费者对个性化产品和服务的需求越来越强烈。

非主流、个性化、独一无二是消费者新的诉求方向。个性化消费最初是温饱满足后的有钱、有闲阶层的一种消费，如今，个性化消费面在逐渐扩大。

个性化消费，既是经济现象，也是一种文化现象。“我不需要跟别人雷同的产品”，成为个性化消费的宣言。

“我很少去商场买衣服，因为我无法容忍‘撞衫’和个性复制的尴尬。”时装设计师谭小波说，他开了一家个性时装设计店，很受顾客欢迎，“在我这里定制一套服装价格不菲，从设计到制作费用，一定是比商场贵的，而常来光顾的顾客却成了忠诚的粉丝，他们更强调服饰的文化韵味和个性的积累。”

未来学家阿尔文·托夫勒在《第三次浪潮》一书中提到：“不会再有大规模生产，不会再有大众消费、不会再有大众娱乐，取而代之的将是具体到每个人的个性化生产、创造和消费。”

代表个性化的小众正在苏醒，他们不经意的消费转向，足以改变传统零售业经营者和从业者的商业思维。

通过大数据和用户画像，商家可有效识别消费者的个性化需求，进而展开精准营销。

自媒体人罗振宇在2016年作题为“时间的朋友”跨年演讲时举了一

个不良商家使用大数据对消费者进行精准营销的例子——

> “假设是一个无良商家，拿到了阿里的数据，他会怎么做？如果他判断你经常购买品牌产品，好！给你发正品货；如果他通过数据发现，你经常购买低价产品，说明你没什么钱也没什么见识，给你发高仿品；如果发现你的退货率低，说明你这个人好说话，人大大咧咧，对不起，给你发次品；如果他通过地址数据发现你的收货地址附近多少公里内都没有这个品牌的专卖店，对不起，给你发假货。这就是数据相反的用法，恶人的用法。”

大数据和用户画像要落到不良商家手里，后果是难以想象的，这也从反面验证了零售商可以依据用户画像做好精准营销。如上海家化已经同阿里巴巴展开紧密合作，双方将共同建立大数据日化产品研发实验室，上海家化将借助阿里的大数据解决方案来挖掘消费者偏好，为用户画像，进行产品研发、生产、销售和售后服务，进行产品供应链的优化和升级。

当商家能够做到为用户准确画像后，下一步就是用来指导实际的营销工作，操作要点包括五个方面：

第一，用户分类。分析样本用户属性，从中找出忠实用户、核心用户、目标用户与潜在用户。

第二，用户画像。借助企业或第三方数据管理平台进行用户行为数据收集，分析数据并为用户画像，并同不同类型的用户进行匹配。

第三，信息推送。为不同类型、不同画像的用户匹配不同的需求信息，分别推送精准的营销广告信息和服务信息。

第四，反馈优化。营销信息推送后，要及时收集、分析关于营销效果的反馈信息，并及时做出调整、优化，修正营销偏差，使得营销工作更加精准、高效。

第五，建立用户画像库。基于大数据分析的用户画像库，要不断丰富、升级、完善，这是企业的宝贵资源。

二、会员数据管理

传统零售走向新零售有一个非常重要的标志，即每个新零售商都要在某种程度上转型为数据公司，以实现对消费者的可识别、可触达、可洞察、可服务，才有可能谈新零售。

零售商依托大数据的会员管理，有助于商家在第一时间获取消费者信息，培养消费者的忠诚度，稳定核心消费群体，加强商家同消费者之间的密切互动，打造商家和消费者之间的“强关系”，提高企业服务力，做到对消费者的可识别、可触达、可洞察、可服务。

会员管理并不是一个新命题，许多传统零售商也在做，但却问题丛生——

对于线上会员管理，不够高效，难以实现对会员的清晰画像，进而也就无法做到精准推送与精准营销；对于线下会员，商家大多还停留在传统的会员管理方式上，效率较低，缺乏突破，对会员没有充分的吸引力。比如不少线下商家采取的会员积分卡制度，单纯积分，对消费者而言可谓是鸡肋式手段，食之无味弃之可惜。这种做法不仅费时费力，更谈不上做到对会员的精准营销，以刺激他们迅速做出消费决策。

再者，新零售时代背景下，线上线下融合已经成了不容阻挡的趋势，传统的单一渠道的会员管理已经无法适应新时代的要求。而基于大数据的新型 CRM 会员管理系统，能够有效对全渠道会员进行分门别类而又融合统一的管理，进而做到信息分类推送，实现精准营销。同时，营销效果还能够实现即时查看，有助于商家实时全面掌握全渠道的经营状况。

1. 支付即成为会员

传统线下门店，获取会员信息或会员登记相当烦琐，浪费人力物力，导致获取会员的成本很高，更多的情况是，顾客消费结账之后便一走了之，杳无音信，同商家切断了关联。而支付会员系统则通过智能 POS 支付系统，让支付的顾客直接变身为企业的会员，解决了线下门店会员获取难的痛点。

智能会员管理系统还可以设计会员登记和相应的积分制度，仅仅凭借一个移动微支付账号，就能让会员享受到相应的积分和折扣，省时省心。

据中国支付清算协会发布的《2016 年中国支付清算行业运行报告》显示，在国内的主力消费人群中，有高达 80% 的消费者都在使用移动支付工具，这也使得商家能够借助智能 POS 支付系统来获得超级流量入口，同时又不会对顾客产生任何打扰和麻烦，反而让顾客感受到更好的消费体验和简洁高效的会员服务。

2. 为会员画像

支付环节成为商家的一个重要流量入口后，会带来庞大的会员数据，如何深度挖掘、全面分析好这些用户数据是值得商家动动心思的。基于大数据的智能会员管理系统能够将会员数据做好分类统计，分析并挖掘，最终形成会员画像。

根据会员的消费频率和消费金额、消费等级，可将会员划分为新会员、老会员、休眠会员、粉丝级会员、黑名单会员等清晰的会员分组及画像，可以让商家直观地感受到关于会员的消费特征及消费数据，最关键的是，商家针对不同的客户进行分层级、分级别、分属性的管理，便于今后的精准营销和个性化会员管理。

3. 精准的个性化营销

有了精准分类的会员和清晰的会员画像，商家就可实现对会员的精准推送与精准营销，通过线上卡券派发、线下屏幕广告、DSP（需求方平台）直投等多维度、多方式的个性化营销手段，实现对目标消费者的精准触达，为其呈现出他们最想要的产品、服务及优惠信息，激起兴趣，引流到店，促进购买。

此外，还可根据消费者过往的消费行为和消费偏好数据积累，来进行消费趋势预测。

相对于以往的填鸭式、无区别的广告轰炸，消费者其实更乐意接受个性化的营销定制。据统计，有高达79%的消费者表示，如果商家能够提供他们所需要的个性化服务，他们并不介意向商家提供一些个人信息，言外之意，对于商家的个性化营销推送他们也是乐意接受的。比如，用户A是一位标准的摄影发烧友，最常浏览的网站是“摄影爱好者论坛”。一天当他打开手机网站准备看看今天有什么新闻，却被某摄影器材品牌店家发布在首页的广告迅速吸引。因为广告上正是他关注的新款单反相机，于是他决定去店家看看。

而另有80%的消费者表示，如果商家能够制定出真正适合自己的个性化消费方案，他们会增加消费频率。比如消费者B和几个朋友去聚餐，用餐完毕扫码结账时，手机自动收到来自附近一家KTV的优惠券，几个人正愁没有去处，于是当即决定去唱歌，皆大欢喜。

三、对粉丝社群的精准触达

粉丝即英文 Fans 的音译，粉丝经济，泛指架构在粉丝和被关注者关系之上的经营性创收行为，被关注者多为明星、偶像和行业名人等。

如今，粉丝经济的适用范围已经大大扩展，网红、自媒体、商家、企业甚至个人都可以拥有自己的粉丝，围绕粉丝的创收行为，都可以视为粉丝经济。

知名自媒体人罗振宇曾在 2013 年称："未来的商业，我们有一个大胆的猜想，在未来几年我们不妨共同小心地去求证，这也是 2013 年我听到的最好的商业格言：未来的品牌没有粉丝迟早会死。工业时代，你只需要有顾客和用户即可，而未来时代没有你的社群，没有你的粉丝，你就是死。"

不少商家都存在这样的困惑——

为什么店铺刚开业的时候，顾客很多，而过了开业期，顾客就越来越少了呢？

为什么顾客川流不息，但都是"铁打的营盘，流水的兵"，始终没有真正忠诚于自己的客群呢？

小而美商家的爆品之路，无非就是做好两件事情：一是稳住原有的老顾客；二是不断把新顾客变成老顾客。

如何做到这两点？

需要具备"粉丝和互粉精神"，传统零售的商业思维往往是"单机版"，较少考虑顾客需要什么样的产品和服务，更多是站在自己的立场去推销商品和服务给顾客。

在互联网时代，零售商也需要粉丝，需要将顾客尤其是忠实顾客变为粉丝，要具备粉丝经济的思维，懂得迎合和取悦粉丝，懂得跟粉丝互动，这样粉丝才会愿意跟着你，而且越"炒"越多"粉"。

粉丝和互粉精神的本质，在于更强调对粉丝（对顾客）的迎合和互动，在互动的过程中进行品牌的广而告之，根据粉丝的个性化需求，做好产品、服务的延伸扩展，满足粉丝需求，让顾客感觉开心和满足，顾客和商家之间互相欣赏，彼此喜欢，把“弱关系”变成“强关系”，打造持续发酵的口碑效应。

这正是一个粉丝营销的完美闭环（见图8－1）。

社交时代，粉丝已经从“被动接受者”转变为掌握传播主导权的“主动参与者”，他们不但是市场消费的主体，同时也是引领市场潮流的意见领袖。

在此背景下，商家应通过发掘粉丝潜能、重新定义同消费者的关系模式，打造粉丝经济生态链。

在粉丝营销上，“名创优品”的做法值得借鉴。早在2015年上半年，“名创优品”的官方微信公众号，就吸附了超过800万名的粉丝。

图8－1 粉丝营销示意图

早在开通公众号之初，“名创优品”给其的定位就是只做消费者朋友的社交媒介平台。在这个平台上——

“名创优品”从粉丝需求入手，去充分挖掘他们的兴趣点，分析他们的注意力，深入研究他们的语言风格，结合时下热点打造话题内容来和粉丝做深度互动。在微信公众平台上，“名创优品”提供更多的是服务和体验，而不是一味地推送广告宣传信息，主要通过热门、有趣话题的互动，带来活跃流量，形成口碑传播，在更广泛的范围内实现话题发酵。

在这个过程中，粉丝就渐渐产生了品牌黏性。

四、爆品推广：线上线下全域出击

去中心化的移动互联网时代，消费者的购物路径也逐渐演变为“六个触点”（见表8-1），所谓“触点”（Touchpoint），是消费者与商家发生联系过程中的一切沟通与互动的点，包括人与人的互动点，人与物理环境的互动点等。

表8-1　移动互联网时代消费者购物路径的六个触点

售前（Pre-Buy）阶段	即移动购物的调查阶段，消费者去逛商店之前会使用移动终端搜索目标商户，查询商家信息
在途（In Transit）阶段	消费者抵达实体店或附近商圈。这发生在消费者前往一个商店或者办事的过程中，营销者要根据用户手机的位置和移动速度，提供针对性的价值信息，鼓励他们打开特定的APP应用程序
在店（On Location）阶段	消费者到店后，相关人员应把握机会，做好对接与互动，避免顾客流失，错失良机
决策（Selection）阶段	沟通了解之后，消费者会权衡利弊，暗自做出购买决策
购买（Purchase）阶段	这也是一个不容忽视的阶段，消费者支付的便利度和商家成交后的微妙态度变化，都会影响消费者的消费体验
售后（Post Purchase）阶段	消费者会通过手机和各种社交网络分享消费的照片、视频和信息，并在第三方点评平台做出消费评价和打分

这种消费路径不再是一个有组织的线性过程，而是一个消费闭环（见图8－2）和消费循环，上一次的消费体验将会决定消费者是否再做回头客，是否愿意再做一次消费循环。

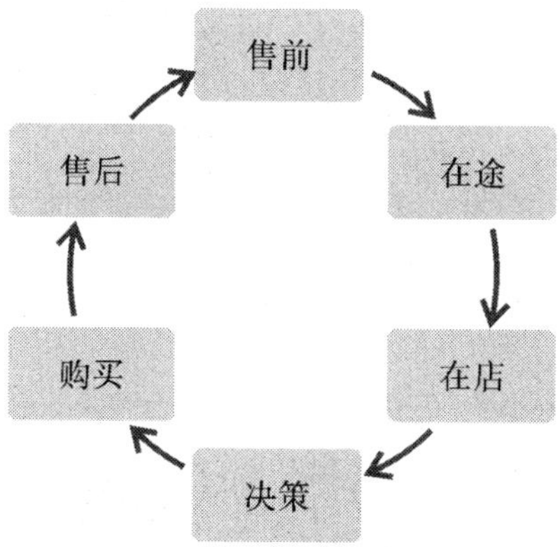

图8－2 移动互联网背景下的消费者消费闭环

触点之所以重要，是因为消费者是基于他们在各个触点上的累计体验，而形成对商家的一个总体认知。这种认知会直接影响消费者对商家形象的判定，影响其后续消费行为。

1. **全触点全渠道营销**

商家应找出足够多的消费触点，把控好细节，完善每一个触点的顾客体验，提升顾客满意度。

零售商经营生态系统上的任一触点出现空白，或体验出现偏差，都有可能导致顾客的流失。

如今消费者被“大中小”三屏（见图8－3）所包围，面临无数的消费触点。

其中，电视屏针对的是传统营销模式下的消费者，电脑屏则对应着PC互联网时代的消费者，而智能终端（手机、平板电脑、智能手表、智能眼镜）屏裹挟着前两者，催生的是移动互联环境下的消费新生代。

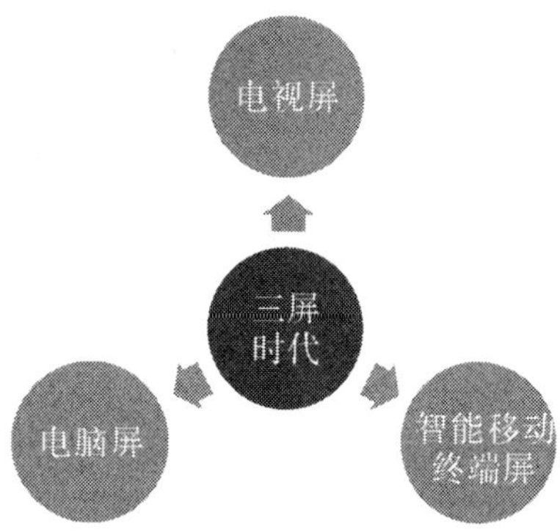

图8－3 三屏时代

消费者触点的循环周期分为 4 个阶段（见图 8 –4）：

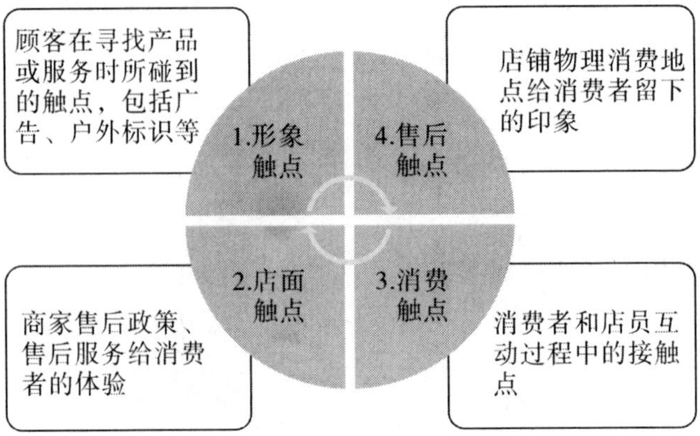

图 8 –4　消费者触点循环周期的四个阶段

针对以上四个接触阶段，商家应找出足够多的触点，把控好细节，完善每一个触点的顾客体验，提升顾客满意度。

而当互联网用户、智能终端用户、信用卡及其他电子支付工具用户、便捷物流配送用户，四者交叉覆盖达到一定量值时，新的全渠道全触点营销模式就会出现（见图 8 –5）。

图 8 –5　全渠道全触点模式的用户交叉

这种背景下，要留住消费者，商家需要在每一节点周密思考可能发生的所有消费场景，借助全渠道全触点的营销模式，用 360 度的无缝体验去包围消费者，满足他们不间断的消费需求，通过即时、动态、开放、连续的多渠道途径帮助顾客实现无障碍消费。

全渠道全触点营销模式，是基于人与人、人与物、人与媒体高度互联的环境下，消费者的决策路径已发生质的改变，线下线上也不再是独立、分行的渠道，是这种情景下的一种以消费者为全程关注点的营销渗透模式。

全渠道模式下，消费者对商家、品牌、产品、服务、价格、口碑等信息的获取，在不同地点，可以自由自助地采取线上、线下" 并存和双跳" 的方式，打破现有线下实体店、线上网店的单向单选的局面。

2. 全域营销

相比全触点全渠道营销，全域营销是一种全新的新零售营销方式，它基于零售商所拥有的各个线上线下渠道，以大数据为资源，旨在建立全链路、精准、高效、可衡量的跨屏渠道营销体系。比如，阿里系新零售推出的 Uni Marketing，它是基于阿里新零售系统用户的统一身份 ID，即淘宝账户、支付宝账户或阿里旗下其他生态构成方的用户数据，比如优酷、UC、盒马鲜生、银泰等，在这些用户账号体系之上，阿里系新零售的数据资源就实现了统一身份，并且做到了可辨识、可分析、可触达，进而实现对生态系统内所有用户的全链路、全数据、全媒体、全渠道式营销。

（1）全链路。阿里生态系统内的每一个 Uni ID 都是打通的，覆盖了用户各个层面、各个领域的需求，可以全方位获知消费者的消费需求和消费习惯。

（2）全数据。打通大数据和云计算技术，深度分析并预测用户需求，实现流量的智能分配和营销的精准匹配。

（3）全媒体。Uni Marketing 全域营销可以覆盖阿里生态系统内的所有媒体——以淘宝、天猫、聚划算、盒马鲜生、银泰为代表的线上线下零售媒体；以优酷、土豆为代表的视频媒体；以新浪微博、陌陌、钉钉为代表的社交媒体；以UC、高德为代表的移动信息流和搜索引擎媒体等。

（4）全渠道。打通线上线下各个零售渠道和通路，以大数据作为基础，为商家和消费者构建个性化的消费场景和消费链接。

五、重视用户消费反馈

瑞典人詹·卡尔森写过一本书《关键时刻 MOT》，讲的核心思想是企业应把控好一切接触、服务、影响客户的关键时刻。

卡尔森是北欧航空公司的前总裁，在他看来，所谓的“关键时刻”就是客户与北欧航空公司的职员面对面沟通交流的时刻，放大来说，就是指客户与企业的各种资源发生接触的那一刻。这个时刻会决定企业未来的成败。

卡尔森 1981 年出任北欧航空公司总裁，当时公司已连续亏损，上任后，卡尔森力挽狂澜，不到 1 年时间公司就扭亏转盈。这种业绩的取得，得益于卡尔森向北欧航空公司员工灌输的关键时刻理论：

> 公司 1 年有 1000 万名乘客 ×5 名员工 ×15 秒 =75000 万次的关键时刻，一个关键时刻的核心不在于时间的长短，它意味着公司员工和客户的接触机会，其中，1 名乘客在乘坐飞机时，可能会与 5 名员工打交道，也就是 75000 万个接触点。MOT 很简单，需要企业关注“员工与客户接触的时段”，员工要利用好这个接触的机会，修补不足，提高客户满意度，让客户有更好的体验和满意度。

每家零售商在和用户的接触中，都包含了上千万个 MOT，如果每一个 MOT 都是正面的，那么客户就会更加忠诚，从而为商家创造源源不断的利润。

相对于用户大数据，关键时刻的消费反馈往往能起到四两拨千斤的决定性作用，零售业的关键时刻有很多，从用户小数据收集的角度，这里谈两个关键点。

1. 关注“消费者表情指数”

去商场消费时，我们都有过这样的体验——

在付款后走出商场的时刻，如果购买的商品很超值，自己很喜欢，性价比非常高，价格又在自己承受范围之内，内心通常表现得很激动、很期待。

相反，如果商品本身没有太多打动自己的亮点，是在犹豫不决的情况下做出的购买决定，或者是价位明显超出了自己的承受范围，那么在这个环节，则会表现得有些肉疼、有些烦躁、有些后悔。

对于这种现象，“名创优品”创始人叶国富发明了一个新词——“消费者表情指数”。

叶国富经常在旗下实体店观察消费者的购买行为，根据长期观察，他总结出这样一条结论——消费者付款之后到走出店门那几步的面部表情，暗藏玄机：如果他们一边翻腾购物袋里面的商品，一边面露喜色，说明他们对这次购物比较满意，说明商家的商业模式可行，能够打动消费者；相反，如果消费者在这几步的行走中，面无表情，或面露难色，则说明他们对这次购物经历不够满意，有所怀疑。

在叶国富看来，经营实体店其实并不需要什么高深的理论，最本质之处在于能够洞察消费者心理，并设法满足他们，“商业成败的核心，就是在收银台到门口这 5 步距离里消费者脸上的表情”。

“消费者表情指数”本质上反映的是消费者期望值的问题，如果商家能够满足甚至超出他们的心理预期，则消费者表情是欢心、愉悦的，反之，如果消费者的心理预期得不到满足，这种表情就会充满烦躁、焦虑。

2. 关注用户评论

消费者在网上购买某项商品之前，除了要看性价比之外，绝大多数人都会参照以往消费者的购物评价。不论是在京东、当当、亚马逊，还是淘宝、天猫，都不例外。

甚至于，人们在去往某家线下零售门店消费之前，也会在大众点评网之类的第三方网络平台上先搜集查看一下大家对其评价的好坏。这些评论会直接左右消费者的消费行为。

用户评论是消费者赖以参考的标准，更是商家分析用户数据、找用户痛点的一个天然数据库。

关于如何从评论中搜集信息，“春水堂”创始人蔺德刚分享了这样一条经验——

“通过深度阅读数据可以发现很多用户需求，我们曾在聚划算做过一次活动，我花一晚上看用户评论，300条用户评论基本在二三十字以内，有人说震动给力，有人说尺寸合适，有人说包装隐蔽性好……我一一拆解评论要素并归纳总结，最终发现了用户购买震动器的核心关注点，所以用户数据深度分析尤为重要。”

试想一下，我们自己在网上购物或线下商家消费后，会写评价吗？会在什么情况下写评价？

我相信更多是出于这两种情况：

第一，对商品特别满意，超出了自己的期望值，心情激动之余给商家留了个好评；

第二，对商品极度不满意，心情愤恨，立马给商家一个差评，以泄愤。

不论是好评还是差评，或是中评，都是值得营销人员用心去研究的。

首先，好评反映的往往是产品的兴奋点，是最让用户满意的地方。

通过好评，商家可以看到自家产品的卖点所在，需要不断围绕用户好评中的诉求点去提炼优化营销方案；同时可以看到竞争产品的优势所在，吸取其所长，或另辟蹊径，从而有效规避跟竞争对手的核心优势进行硬碰硬。

其次，差评反映的往往是用户的吐槽点和痛点，是让他们最不满意的地方。

差评，一般不会是商家刷出来的，可靠度更高。它简直是用来分析、发掘用户痛点的一个神器。将用户对产品、服务的差评筛选、归类，并进行轻重缓急程度排序，一定能够找到用户的痛点，进而对产品、服务或相关体验进行针对性的完善。

再者，给出“中评”，说明用户不痛也不痒。

中评过多，也值得注意，用户之所以不痛不痒，是因为商家提供的产品或服务既没让他们失望，也没给他们带去惊喜，平平淡淡，没有亮点，但也没有明显的不足。其实，这也是产品或服务缺乏竞争力的一种表现，一旦用户遇到更具性价比的产品或服务，就会马上弃之而去。

重视用户反馈，其实就是找出用户体验、用户接触中的关键点，关键点即痛点，这样才能抽丝剥茧，直抵问题的核心，将相应关系对象的最大顾虑消除掉。

六、强化顾客关系管理

过去，顾客和商家之间，是一种非常松散的关系，大多数情况下，顾客从商家那里完成一次消费，基本上也就意味着交易关系的结束。

这是典型的零售“交易时代”。

小而美零售是一个没有终点的航程，商家将产品、服务成功推销给顾客，其实并不意味着交易关系的结束，而是下一次交易的开始。

从另外一个角度讲，交易包括三个层面的含义（见图 8－6）——

图 8－6 交易的三个层次

对于任何商家而言，都只有两种顾客：消费过的顾客和没有消费过的顾客。

不断吸引新的顾客前来消费固然重要，但是如何留住那些已经消费过的老顾客，和他们建立关系，让他们持续来消费也显得日益重要且非常关键。

尤其是在今天，获取新客户的成本越来越高，因此维护现有顾客的忠诚度就变得十分必要。

如今，零售业已经逐渐从“交易时代”发展到“关系时代”。

顾客在消费的同时，商家有必要借助各种渠道和平台来同顾客建立一种长期、忠诚的关系。

目前，互联网的无边界和高度透明化颠覆了商家与顾客的地位，顾客拥有广泛的信息来源和至高无上的选择权，这决定了商家必须以顾客需求为导向、顾客体验为核心，重建商家与顾客间的供需关系，做好顾客关系维护与管理。商家要给顾客创造更大的价值、带来极致的产品和服务、带来极致的消费体验，作为新零售的出发点和归宿，实现顾客关系由“弱关系”向“强关系”的转化，做好顾客关系管理。

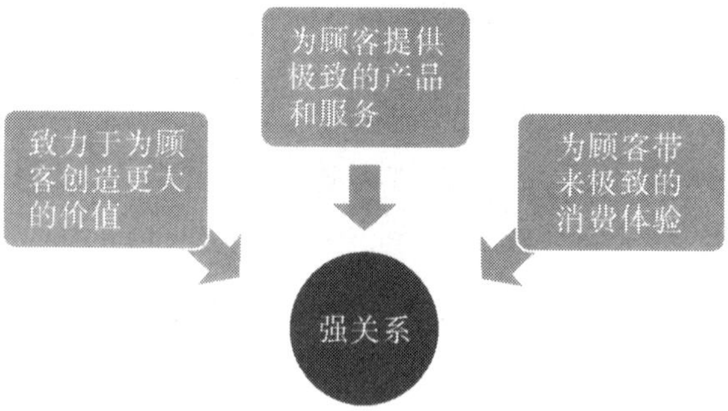

图 8－7　顾客关系的“强化”

顾客关系管理（Customer Relationship Management，简称 CRM），起源于 20 世纪 90 年代早期，它脱胎于西方的市场营销理论，最早由美国 Gartner Group 公司①在 1997 年正式提出，1999 年传入中国。

顾客关系管理有三种类型（见图 8－8）：

此处，我们重点谈一下分析型顾客关系管理。

---

① Gartner Group 公司成立于 1979 年，是第一家专注于信息技术研究和分析的公司。

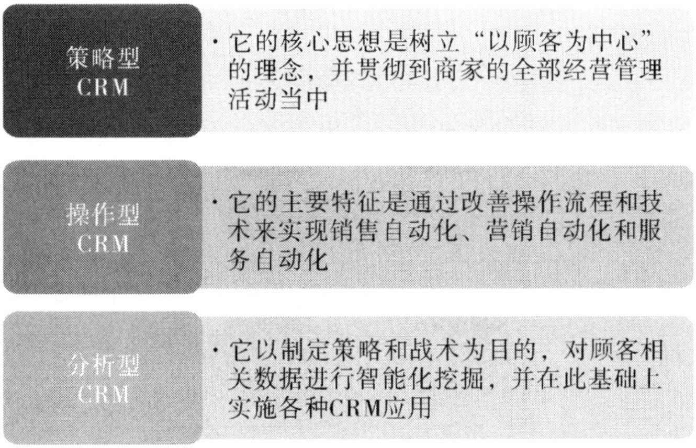

图 8-8 顾客关系管理的三种类型

分析型顾客关系管理的主要内涵是：

通过分析顾客行为，制定相应的经营策略，以合适的价格、在合适的时间、通过合适的渠道、为合适的顾客提供合适的产品或服务，从而提升顾客的满意度和忠诚度，为商家创造更多的利润。

传统的零售模式一般都是以产品、服务为导向，而分析型 CRM 则是以顾客为导向（见图 8-9），通过深入分析挖掘顾客行为、了解顾客需求，为顾客提供他们需要的产品和服务，从而实现以产品、服务为导向，以顾客为中心的转变。

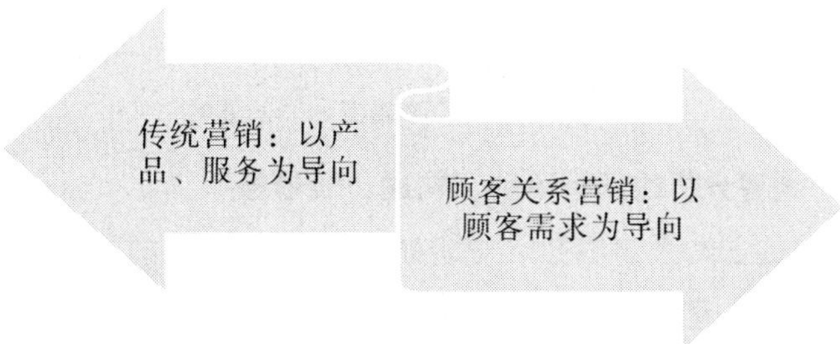

图 8-9 传统营销和顾客关系营销的区别

1. 顾客关系营销第一步：进行顾客细分

深入了解顾客的前提是，要对顾客进行合理的归类，具体可从消费额和忠诚度两个维度对顾客进行划分（见图 8-10）。

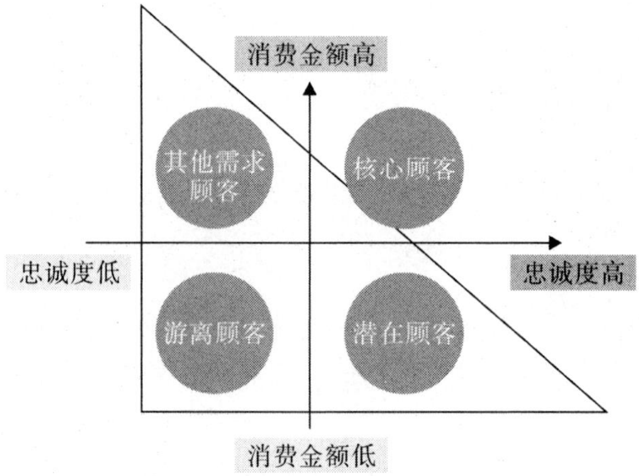

图 8-10 顾客分类

对于不同类别的顾客，应该采取不同的管理应对措施（见图 8-11）。

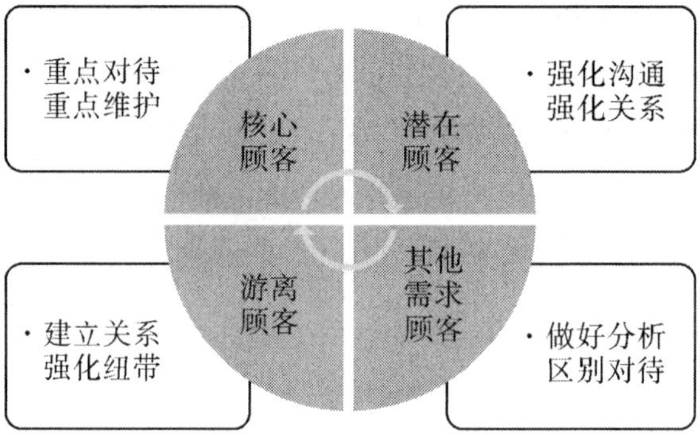

图 8-11 不同类型顾客的维护策略

2. 基于顾客分析的营销活动，构建"强链接"

联邦快递的创始人弗雷德·史密斯有一句名言："要想称霸市场，首先要让客户的心跟着你走，然后让客户的腰包跟着你走。"

如何打动顾客的心？

要基于他们的心理和需求，提供差异化产品、差异化服务。

"孩子王"是母婴用品连锁品牌，截至 2015 年底，在全国 60 多个城市内拥有 130 家实体门店，拥有活跃家庭会员 500 万户，"孩子王"接近

98%的销售收入都来自于会员。

完善的顾客关系管理是“孩子王”经营策略的核心所在，帮助“孩子王”构建了实体店和会员的“强关系”，甚至于“孩子王”的总部组织架构也完全围绕服务顾客而设立（见图8－12）。

图8－12　“孩子王”总部组织架构

在线下门店，除了店长、后勤、客服、收银以及分管品类的主管之外，“孩子王”还设有一个关键职位——育儿顾问，相当于门店的销售人员，只不过更专业，能为顾客提供专业的销售服务和育儿咨询，更容易获得顾客信任，赢得销售机会。这是“孩子王”进行顾客关系管理的重要一环。

对于顾客关系的经营，“孩子王”借助一款“人客合一”的APP，每个店员都有自己的APP账号，登录账号，即可看到个人销售、顾客消费等信息（见图8－13）。

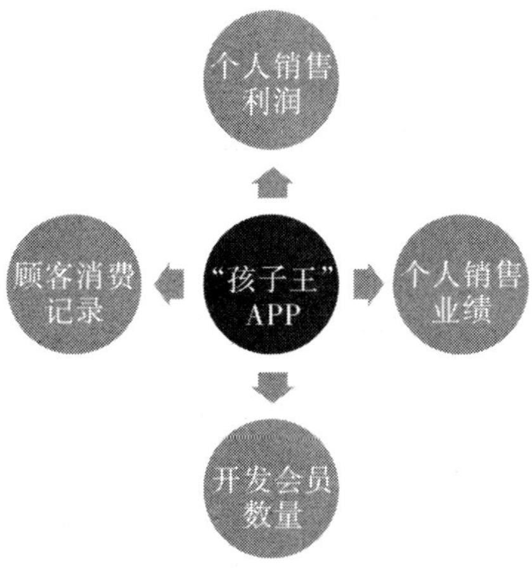

图8－13　“孩子王”APP信息功能

基于这些信息，店员就可以进行针对性的销售说服。比如，如果某个顾客长期未来消费，就可以通过 APP 给顾客发送一个优惠券，诱导其消费。

“孩子王”强化顾客关系、进行关系营销的另一大策略是密集活动。据了解，“孩子王”每家线下门店平均每天都要举办至少三场活动，一是为了销售产品，二是为了吸引新会员的加入。

活动推动营销，营销带来利润，这揭示了“孩子王”以顾客关系管理为核心的经营策略。

七、跨界营销，全方位包围目标用户群

所谓“跨界营销”，就是商家利用各自品牌的特点和优势，将自身核心元素提炼出来，与合作伙伴的品牌核心元素进行契合，从多个侧面诠释一种更好的用户体验。

在传统工业营销时代，商家提供产品和服务来满足顾客要求，顾客也清楚自己需要什么产品；在工业营销时代，主要解决信息不对称的问题，让顾客发现商家的产品和服务，从而达成交易。

到了移动互联网营销时代，商家要从顾客需求出发，创造出能够更好满足顾客需求的产品和服务，移动互联网时代的营销就是让顾客体验并喜欢上商家的产品和服务。

跨界营销，一切以顾客需求和体验为中心，旨在提供能让顾客尖叫的消费体验过程。

1. 跨界营销的基本原则

实体店实施跨界营销，需遵循以下原则（见图8－14）：

一、资源相匹配的原则	两个合作品牌在各自能力上，具有共性和对等性。
二、消费群体的一致性原则	双方企业或者品牌必须具备一致或者重复消费群体。
三、品牌非竞争性原则	目的是达到双赢，而不是此消彼长的竞争关系。
四、非产品功能性互补原则	产品属性上两者要具备相对独立性。
五、用户体验性原则	围绕目标消费群体的知觉、行为、情感等来开展体验。
六、1+1>2原则	形成整体的品牌印象，产生更具强力的品牌联想。

图8－14　跨界营销的六条基本原则

2. **跨界营销的几种类型**

根据经营的具体情况，我们来有针对性地介绍几种跨界营销的形式——

第一，产品（服务）跨界。

零售业营销的基础是产品（服务），没有产品（有形产品和无形服务）的营销无异于无源之水、无本之木。实体店由于较少触及生产制造环节，其产品跨界多表现在捆绑销售上（见图 8 – 15），这种捆绑的前提是关联产品的目标顾客群体要具有一致性，如此，才能给顾客带来便捷，提升顾客体验。

效果好	McDonald's 麦当劳 +  可口可乐	效果：促进销售
效果差	McDonald's 麦当劳 +  减肥茶	效果：消费群不同，影响销售

图 8 – 15　麦当劳的产品跨界营销

上图中，麦当劳和可口可乐的捆绑跨界营销，效果比较好，因为他们的消费群体一致，二者合一，能够给顾客带来更丰富的消费体验。相对的，麦当劳和减肥茶则有些不搭界，因为二者的消费群体不具有密切相关性，这种产品捆绑跨界营销效果就不是很理想。

第二，价格跨界。

商家在制定价格策略的时候，可通过免费的模式吸引顾客，待顾客进入营销范围之内，再向他们销售高利润的产品、服务，这是价格跨界的典型做法。

举个例子，汽车保养店一般都会做洗车服务，单纯的洗车服务通常都是不赚钱的，最多是微利。这就是商家的精明之处，他们做洗车服务的目的本就不是为了赚钱，而是为了吸引客流，增加顾客黏性，增加顾客对周边高价值产品、服务的消费，这才是汽车保养店的利润大头所在。

第三，促销跨界。

当线下实体店客流量越来越少的时候，商家都会想尽各种办法主动出击寻找客户资源。这种情况下，如果能够追踪到顾客的生活习惯和消费地图，那么商家就可以去寻找顾客消费地图上的那些商家，进行联合促销。

比如，某家高级餐厅的目标顾客是高端客户，那么，高端客户的日常消费行为都有哪些呢？他们会去豪华汽车4S店做保养，去美容店做SPA，去高级会所聚会，去健身会所健身，去高端商场购物……只要整合顾客行走地图上的商家资源，就能够联合促销，快速找到顾客并且降低营销推广的费用。

八、微时代做好微营销

微营销，即借助一切微元素工具（微博、微信等）来实现营销目的。

相对传统营销，微营销有其独特优势（见图8－16），更适合小而美的零售商。

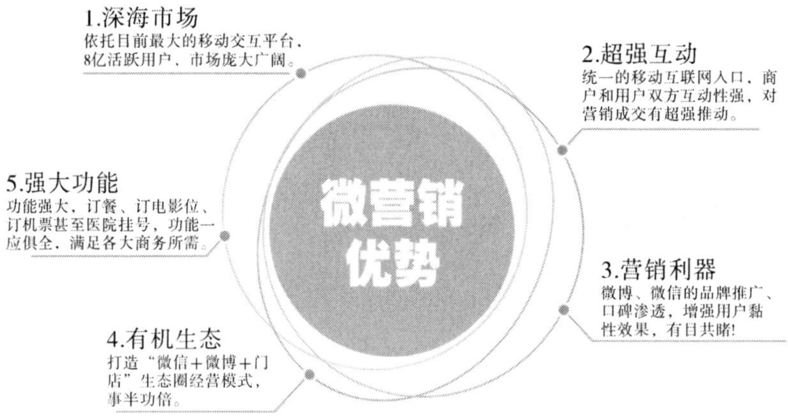

图8－16　微营销优势

1. 微博营销

微博营销是指通过微博平台为商家创造价值而实施的一种营销方式，这种营销方式注重价值的传递、内容的互动、系统的布局、准确的定位，微博营销涉及的范围包括认证、有效粉丝、话题、名博、开放平台、整体运营等，具有操作简便、成本低、传播面广等优点（见图8－17）。

图8－17　微博营销优势

“21cake”是一家连锁蛋糕品牌，线上线下均有布局，善做微博营销。

曾经有顾客在微博上这样抱怨“21cake”：本来要求写一个“寿”字，结果被误写成了“受”字。

这条负面的抱怨微博在短短1个小时内就被转发上千次。意识到自身的失误后，“21cake”立即联系到抱怨的顾客，予以赔偿，并在微博上公开道歉。

道歉微博引起了更广泛的围观、讨论和转发，曝光量达2亿次以上，“21cake”的姿态得到了大家的认可。

经过积极运作，原本的微博负面新闻，竟成了商家宣传展示品牌形象的一次良机。

这其中，固然有“21cake”商家的积极应对，但也离不开微博营销的持续发酵。

微博营销，尤其适用于线下各类零售店，通过微博，线下小而美零售商家大有可为（见图8－18）。

图8－18 线下门店微博营销覆盖内容

2. **微信营销**

同样是微营销，微信营销与微博营销相比，受众更加精准，内容能做到“有的放矢”。微信营销的工具主要有下图所示的几种（见图8－19）。

要做好微信营销，有几个注意事项：

第一，可以通过二维码吸粉。

借助二维码增加粉丝是微信营销的常规手段，可在产品包装、收银台、店内设施上贴上二维码，方便顾客扫描。扫描二维码需附带一些优惠折扣信息，才能调动顾客扫码的积极性。

图8－19 微信营销的工具

同时，商家可以在进行微博推广、

QQ 推广时放置二维码，增加入口，逐步积累用户。

第二，要注意推送信息的质量和频率。

过于频繁的信息推送或无用垃圾信息的推送，都会引起用户反感，容易被拉黑或屏蔽。因此，推送的内容要尽量简短、实用，贴合用户群实际需求。

另外，要注意信息推送的频次，可以每天分享，但数量不宜太多。

第三，要把握好信息推送时段。

理论上讲，商家随时都可以通过微信营销工具向用户推送信息。但事实上，据一项数据调查显示，每个时间段的微信公众号内容阅读量是有高低起伏的（见图 8－20）。

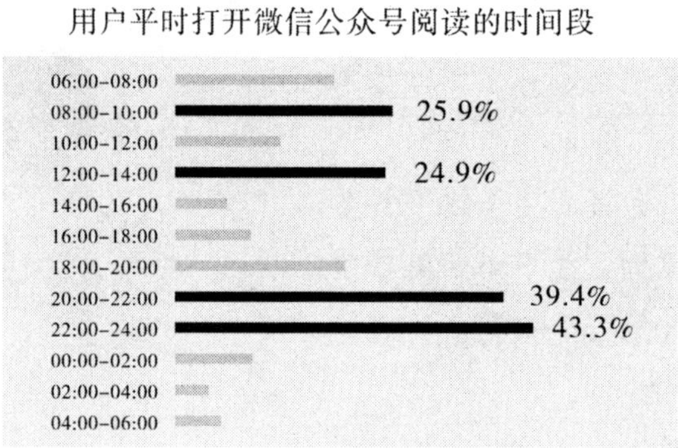

图 8－20　微信公众号各时段内容阅读量占比

从统计图来看，就一天而言，微信公众平台的内容有四个时间点值得注意（见图 8－21）：

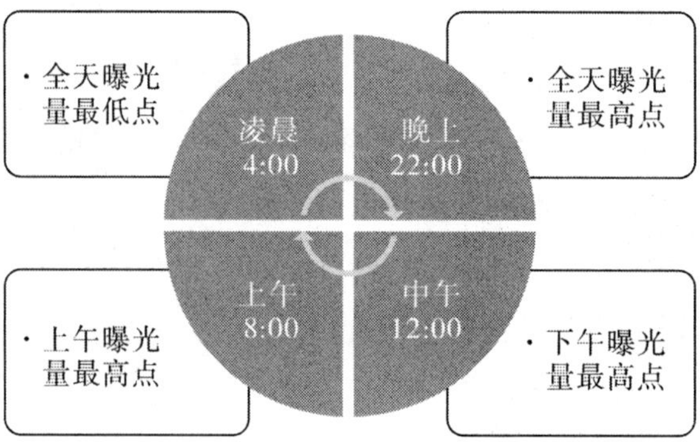

图 8－21　微信公众平台信息曝光的四个关键时间点

在内容推送上，商家可以规避以上曝光量较低的时间点，而选择曝光效果好的时间点，能收到事半功倍之效。

第四，要提高用户黏性。

提高用户黏性不是一件简单的事，除了最基本的产品吸引力以及服务态度外，还要让用户明白，通过微信渠道消费所享有的特殊优惠或特殊礼品，还可以搞些小活动。

提高用户黏性，离不开优质的产品和服务，离不开售后追踪，及时解决用户的问题和抱怨，改进服务措施。

实施微信营销，要避免强迫用户或者用奖品做引诱，去绑架、迫使用户做转发，而应让用户自愿分享信息，因为，依靠口碑宣传和日积月累，效果才更为稳固。

新零售爆品思维：关于精准营销

◎精准营销的前提——小众消费的苏醒。

个性化消费，既是经济现象，也是一种文化现象。“我不需要跟别人雷同的产品”，成了个性化消费的宣言。

◎收集会员数据，做好用户数据管理。

传统零售走向新零售有一个非常重要的标志，即每个新零售商都要在某种程度上转型为数据公司，以实现对消费者的可识别、可触达、可洞察、可服务，才有可能谈新零售。

◎未来的品牌没有粉丝迟早会死。

商家需通过发掘粉丝潜能、重新定义同消费者的关系模式，打造粉丝经济生态链。

案例：名创优品从粉丝需求入手，去充分挖掘他们的兴趣点，分析他们的注意力，来和粉丝做深度互动。

◎爆品推广：线上线下全域出击，把控好每一个消费接触触点。

◎重视用户反馈，其实就是找出用户体验、用户接触中的关键点，关键点即痛点，这样才能抽丝剥茧，直抵问题的核心，将相应关系对象的最大顾虑消除掉。

◎强化顾客关系管理，实现顾客关系由“弱关系”向“强关系”的转化。

◎跨界营销，全方位包围目标用户群。一切以顾客需求和体验为中心，旨在提供能让顾客尖叫的消费体验过程。

◎微时代做好微营销。微营销有其独特的优势，更适合小而美的零售商。

第九章

新零售的前台系统与后台系统

一、新零售看不见的系统

1776年，英国经济学家亚当·斯密在《国富论》中提出“看不见的手”的命题，它的基本内涵是：只考虑个人利益的个体在经济生活中，受“看不见的手”的驱使，即通过社会分工和市场的作用，就可以达到个人富裕、国家富裕的目的。这里，“看不见的手”是一种在无形中产生作用的资本主义完全竞争机制。

在零售业经营体系中，也有一只“看不见的手”在起作用。

新零售一般包含两大系统：前台系统和后台系统。前台系统是大家可以看到的、感受到的、触摸到的、体验到的，是给顾客带来体验的系统；后台系统则是给顾客带来良好体验的背后的高效运营体系，这是一只“看不见的手”，是零售商的核心竞争力所在，也是竞争对手很难模仿偷学到的一门艺术。

日本线下零售拥有很强的竞争力，实际上，真正让日本线下零售（包括其他顾客体验良好的实体店）屹立不倒的根源在于其高效率的内在运营能力。在竞争激烈的零售行业，有宏伟的蓝图、完善的部署不一定能成功完成新零售转型。小而美零售必须增强与新零售相关的企业运营能力，才能为转型保驾护航。

新时期，零售商的运营能力主要表现在以下几个方面：

1. 确保低价采购

雷军曾去美国“好市多”（Costco）超市体验购物，他是这样描述排队经历的：“我在金山当高管去美国出差，一下飞机张宏江博士就租了辆车直奔Costco。完了回来吹了半天，经他一煽乎，除了我所有9个高管都去了。结果晚上回来大家说东西太好了，我就问怎么个好。其实就一件事，便宜。所有的东西都比国内便宜，甚至有的价格只有国内的1/10，一堆东西在北京得9000多元人民币，Costco只要900元。”①

连雷军都推崇的“好市多”，是最值得国内小而美商家研究的标杆企业之一，它以极低的毛利率，却保持着坚挺的会员忠诚度，它以销售贴近成本的低价产品著称，给顾客带来极致的购物体验，让顾客为之疯狂。

“好市多”采取的是收费式会员制，消费者成为它的会员后，能以非常低廉的价格购物，前提是要在“好市多”进行“多频次、大额度”的购物，否则，就很不划算。

在采购上，“好市多”采取的是集中式大量采购方式，品类不多，但是数量巨大，以此获取谈判优势，提高议价权。这样，虽然顾客在“好市多”没有更多选择，但实际上“好市多”已经帮助顾客找到了最合适、最便宜、使用频率最高的产品。

在“好市多”，有两条不能触碰的经营红线——

第一，所有商品毛利率不得超过14%，一旦高出这个数字，需要上报CEO，并请董事会批准；

第二，外部的供应商，如果给竞争对手供货价格低于“好市多”供货价格，那么它的商品永远不会再出现在“好市多”超市的货架上。

这两条准则严格执行下来，结果就是：“好市多”的商品平均毛利率只有7%，而另一家号称“天天低价”的超市沃尔玛，毛利率则在22%~23%之间。

2. 实现勤进快销

日本线下零售追求的就是“快节奏高效率”，是勤进快销，经营者对于市场需求的预测非常精准，确保不会出现库存积压，降低产品仓储成本，提高资金周转率。这种经营效果是建立在以下几个核心能力之上的——

第一，对于商品的畅销情况进行精确预估和判断，在此基础上建立科学的库存管理体系；

---

① 金错刀：《被雷军怒赞的Costco超市究竟是什么鬼?》，金错刀频道，2016年7月14日。

第二，对商品进行高效推广、促销，纳入促销范畴的不仅包含过季、过时、滞销的商品，还包括时新的产品、畅销的爆品，让顾客为之痴狂；

第三，建立涵盖“人、商品、资金”三位一体的考核体系，打造高效快捷的分销运营体系，根据用户需求打造快速反应能力和应对速度。

3. 极致的单品管理

在零售业有一种说法：“世界上只有两家便利店，7－ELEVEn 便利店和其他便利店”，日本 7－ELEVEn 堪称线下实体零售业的标杆，它在运营管理上有颇多独到之处。

被尊为 7－ELEVEn 之父的铃木敏文提出过一个“单品管理”概念，英语世界甚至以“单品管理”的日文发音为“单品管理”创造了一个新的名词“tanpinkanri”。

所谓“单品管理”，就是店铺要依据经营假设来订货，做好经营预案，使得不论某种商品实际需要多少订货，公司都能够应对自如，以此来掌控畅销商品，排除滞销商品。为此，铃木敏文要求每一个店员都要汇报每一件商品的情况，那些不好卖的东西要迅速清除。

这是一项复杂的系统性工作，但的确能提升实体店的运营能力、反应速度，且能直接提升利润率。

二、整合供应链

在新零售环境下，零售商应注意供应链管理上的新趋势——

◆传统供应链模式下，零售商与消费者直接接触，接触点是线下实体店和线上网店，服务效率较低，未来的新零售供应链将是网状模式，品牌方、零售商和消费者之间的接触会是高频、高维、多触点的，消费者可同零售商、产品设计师甚至于生产工厂进行直接互动。

◆新零售时代，供应链的链条将大大缩短，产品从设计到交付的整个环节会得到最大程度的优化，往常冗长分裂的供应链会充分融合，更接近消费者。

◆为了满足消费者的个性化、多样化需求，未来的供应链将是弹性的、敏捷的、智能的、和谐的。

◆未来的供应链管理依据将更多依赖大数据和用户画像，而不是人工判断和人工经验。

除在事关供应链未来发展趋势上做好布局和筹划外，一些传统的供应链优化能力不仅不可丢弃，而且还要进一步强化。

山东是全国主要的蔬菜产区，2017 年冬天，山东蔬菜大丰收，可很多菜农却落了个血本无归的下场。在山东潍坊，田间地头的白菜最初收购价竟然只有 6 分钱 1 斤。菜农种植 1 亩白菜要投入的成本包括播种、耕地、施肥、灌溉、打药再加上人工，约为 1500 元，以亩产 8000 斤算，每亩仅能回收 500 元，只是成本的零头。

这情况并不是偶然。前一年同样是在山东，济南市唐王镇卷心菜的收购价在 3 天内一路从每斤 0.25 元跌至 0.15 元，菜农韩进因此绝望，他选择了以死亡这种极端的方式来对抗欲哭无泪的现实。

别看蔬菜的收购价便宜，进入市场后的售价却不低，如今的菜市场上已经鲜见1元以下的蔬菜。

一对来自济南郊区农村的夫妇，在市区贩菜、卖菜，刚开始推着三轮车摆地摊卖菜，有条件后进了农贸市场租了个摊位，再后来有了一定的资金积累，又租了1个门面房，专卖蔬菜水果，几年下来，夫妻2人居然在济南买了1套价值80多万元的二手商品房。

同样是和蔬菜沾边的农民，为何一方走向了绝路，另一方却利润丰厚，还挣到了一套商品房？

1992年，宏碁集团创办人施振荣先生提出了有名的"微笑曲线"（Smiling Curve）理论。之所以被称为"微笑曲线"，是因为它是呈微笑嘴型的一条曲线（见图9－1）。两端朝上，在产业链中，附加值更多体现在两端的设计和销售环节上，处于中间环节的制造，附加值最低。

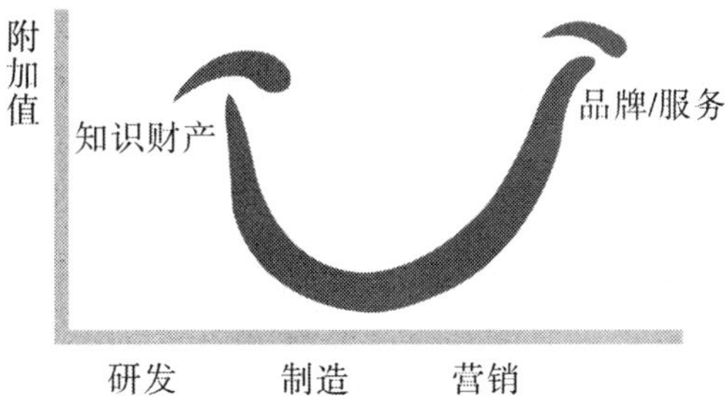

图9－1　微笑曲线

显而易见，菜贩处于微笑曲线的右端，利润空间较大，而菜农则位于微笑曲线的谷底，最没有话语权和定价权，只能赚取微薄的利润，甚至会亏损、入不敷出。

著名战略学家迈克尔·波特教授在其价值链分析模型中强调，产业链的不同阶段增值空间存在很大差异，维持上下游竞争优势对构建企业核心竞争力意义重大。

按理说，零售商是直接面对顾客的销售终端，处于微笑曲线的营销、销售环节，处于相对有利位置。不过，当所有竞争对手都处于同一起跑线时，这种优势将不再是优势。

如何打造更有利的产业链环境，是小而美零售业者要去考虑的一个问题。具体可通过以下两种方式去优化产业链布局。

1. **掌控上游产业链**

“迪卡侬”是一家法国零售商，在电商冲击、竞争对手频频收缩战线、关停门店的背景下，它却实现了逆势增长。2014 年，“迪卡侬”全球营收达 82 亿欧元，同比增长 10%，中国区则实现营收增长 46%，销售额连续 3 年增长超过 40%。

同“好市多”“阿尔迪”等零售商一样，“迪卡侬”的核心竞争力也体现在产品的高性价比上，这得益于“迪卡侬”的全产业链布局。“迪卡侬”构建了包括采购、设计、生产、品牌、物流、零售等在内的完整的体育用品产业链，剔除了一切中间环节，将产品质量和成本的控制权牢牢把控在手中。

“迪卡侬”拥有 20 多个自有品牌，生产基地遍布摩洛哥、土耳其、中国等成本相对低廉的国家和地区。

首先，“迪卡侬”通过优化产业链，掌控设计、零售等高附加值的环节；其次，对于生产等低附加值环节则通过全球布局思维，根据不同地域劳动力成本、汇率、安全等情况对生产随时做出调整。

这一模式一直沿袭至今，确保了“迪卡侬”的竞争优势和成长力。

2014 年，“迪卡侬”在中国新开商场 32 家；2015 年，新开店数量则达到 49 家，在大中华区总计拥有 166 家门店。①

2. **提升产业链话语权**

对于中小商家而言，直接涉足上游产业不太现实，但可以通过运作，在小范围内实现有限度的产业链话语权，改善生存环境。

再说一下宜家模式，同“迪卡侬”直接进军上游产业链不同，宜家把上游产业链重点放在了把控上，紧紧抓住产品设计和销售这两个处于微笑

---

① 《迪卡侬在华商场数量已达 166 家，2015 年开店数量创新高》，赢商网，2016 年 1 月 8 日。

曲线两端、利润回报最大的环节，其余利润回报较低的环节基本采用外包的方式完成产业链的协同。

宜家通过规模效应，提高议价能力，对供应商进行压价，搜寻性价比最高的商品出售给消费者。

为了降低采购成本，宜家在全球设有30多个代表处，他们在全球范围内不断搜罗供应商，通过规模优势和品牌优势与之博弈，采取评分竞标的方式筛选供应商，使得供应商不得不降低价格以赢取订单。

另外，为了避免受制于供应商，宜家对产品都有设计专利，只是委托供应商生产，这是宜家能够控制供应商的另一件法宝。

通过对产业链核心环节的重点把控和布局，宜家也活得很滋润。

三、实施内部精细化管理

在我国的文化和人们的做事习惯中，充满了这样的词语——“差不多”“就这样”“拉倒”“好像”“或许吧”“说不定”“大概”“点到为止”“只可意会，不可言传”等，它们背后反映的是人们做事态度的不认真，细节管理专家汪中求称这种现象为“马大哈文化”。

这当然是精细化管理的对立面和阻碍因素。

举一个我们日常生活中的例子，就是煮鸡蛋。我们一般在家里煮鸡蛋，无非找一口锅，放上水和鸡蛋，打开火，煮上十分八分钟，等自己觉得差不多了，关火取出鸡蛋，放凉水里冰一下，就完成了。如果采用精细化的方式，该怎样煮鸡蛋呢?

在日本的超市里，鸡蛋售出时都会附赠一份说明书，介绍的是煮鸡蛋的步骤：

◆采用长宽高各4厘米的特制容器；

◆加水50毫升左右；

◆烧1分钟左右水开；

◆再过3分钟关火；

◆利用余热煮3分钟；

◆凉水浸泡3分钟。这样煮出来的鸡蛋，不但生熟适度，并且能节约$\frac{4}{5}$的水和$\frac{2}{3}$的热能。

什么是精细化，这就是最好的回答。

如今精细化管理已经成了一种理念，一种文化。精细化管理是源于发达国家（日本，20世纪50年代）的一种企业管理理念，它是社会分工的精细化，以及服务质量的精细化对现代管理的必然要求，是建立在常规管理的基础上，并将常规管理引向深入的基本思想和管理模式，是一种以最大限度地减少管理所占用的资源和降低管理成本为主要目标的管理方式。

据了解，欧洲生产的鸡蛋都是有“身份证号”的，如：“1—DE—4315402”，这一大串字母都代表什么呢？其中，第一个数字，如果是“0”表示是绿色鸡蛋，“1”表示是露天饲养场放养的母鸡下的蛋，“2”表示是圈养的母鸡下的蛋，“3”则说明这是在笼子里饲养的生长环境最差的母鸡下的蛋；两个英文字母是鸡蛋出产国的标志，DE代表德国；第三部分数字是产蛋母鸡所在的养鸡场、鸡舍或鸡笼的编号。

食品生产精细到这种程度，消费者还用再担心食品安全问题吗？

精细化管理就是落实管理责任，将管理责任具体化、明确化，它要求店里的每一个成员都要到位、尽职。第一次就把工作做到位，工作要日清日结，每天都要对当天的情况进行检查，发现问题要及时纠正，及时处理等。精细化管理的操作特征，可以用“精、准、细、严”四个字来概括。

◆精：是做精，精益求精，追求最好。不仅把产品做精，还要把服务和管理工作做到极致，挑战极限。

◆准：是准确的信息与决策，准确的数据与计量，准确的时间衔接和正确的工作方法。

◆细：操作细化、管理细化，特别是执行细化。

◆严：是严格控制偏差，严格执行标准和制度。

精细化管理是一种以科学管理为基础，以“精、准、细、严”为操作特征，通过充分运用商家的各种资源，强化协作，提高执行力，从而达到降低成本费用，提高店铺运作效率和经营效益为目的的系统管理方法。

精细化管理，是零售业向“小而美”方向蜕变的一条必由之路，通过精细化管理，方可更好地做到“小而精、小而优、小而美、小而强”，在此基础之上才有可能打造爆品。

四、员工行为的重塑

员工在顾客体验传达和顾客关系塑造中起重要作用，是连接零售商和顾客之间的关键纽带。

顾客到特定的商家去购买产品或者去享受服务，他们最关注的往往并不是产品或所提供的服务本身，而是工作人员。

顾客只有先对店员（包括线下门店的店员和线上的客服）产生了好感，然后才有可能会去喜欢商家的产品和服务。而店员的专业服务水准和服务态度以及他们所能给顾客带去的体验，是左右顾客是否会最终消费的核心点所在。

在线下门店的顾客体验节点中，店员是连接顾客和店铺的关键纽带，是关键中的关键。

在顾客眼中，店员就是门店的代表，店员的一言一行对店面的业绩都至关重要。店员与顾客接触得最频繁，碰到的问题也最多，因此，对店员的业务素质和个人素质也就提出了更高的要求。

毫不夸张地说，好的体验、坏的体验都是店员给顾客带来的，这种效应在互联网时代，更是被无限放大，坏事传千里，但是好事也能传千里。

2015 年圣诞节前夕，一位母亲从塔吉特商场为女儿买了一个玩具娃娃，后来发现商品质量有问题，于是母亲告诉孩子："平安夜，圣诞老人将会去塔吉特休息一下，那时候他会帮咱们。"

母亲还为此特意联系了塔吉特的工作人员，说明此事。

后来，当母亲带着女儿来到塔吉特换货时，店员早就做好了准备，并告诉小女孩，圣诞老人来过了，还给她留下了一个新的娃娃，因为"圣诞老人会帮助塔吉特修理那些小精灵们没安装好的玩具。"

这位母亲非常感动，就将此事发到 Facebook 上，结果在短短 4 天时间内，就得到了近50万个赞和25000个转载。店员的用心、见解让塔吉特在网上火了一把。

可见，店员在顾客体验传达和顾客关系塑造中具有重要作用。

一般来说，顾客到特定的零售店去购买产品或者去享受服务，他们首先关注的往往并不是产品或所提供的服务本身，他们首先关注的是店中的工作人员，也就是线下门店的店员和线上网店的客服，随后他们才会决定是否要消费。这是因为顾客只有先对店员产生了好感，然后才会去喜欢商家的产品和服务。而店员的专业服务水准和服务态度，是能否在这个环节上打动顾客的关键点所在。

1. 职业化的员工形象

所谓"做什么就应该有做什么的样"，只有一流的店员才能为顾客提供一流的专业服务，才能让店铺在激烈的竞争中脱颖而出。因此，每一家店铺都应将培训具备最专业素养的店员当作一项核心任务来抓。

在竞争日渐激烈、产品/服务同质化越来越严重的今天，很多线下零售店的经营业绩都不甚理想，其中很大一部分原因要从店员身上去找。因为，如果他们看起来不够专业、不够职业的话，那将会直接影响顾客的消费心情和体验。

店员培训的目的，正是为了使店员看起来更加专业、更加职业：

(1) 在工作形象上，像个做事的样子；

(2) 在工作技能上，看起来像是那一行的人；

(3) 在工作态度上，用心对待营业中的每一刻；

(4) 在工作道德上，有对店铺信誉的坚守。

2. 不可或缺的专业知识

店员要向顾客介绍产品和服务，一个最基本的前提就是，首先要对自己的产品、服务烂熟于心，要对自己所从事的这个行业的相关专业知识了如指掌，这样才能对顾客的各种疑问应付自如。

如果顾客已经对产品、服务产生兴趣，但是看到店员面对自己的疑问抓耳挠腮，一问三不知的话，那么结局可想而知。

相反，当店员对自己所推销的服务和产品有详尽了解的时候，就会在推销的时候底气十足，能够有条不紊地为客户答疑。店员对专业知识的掌握程度及推介时的激情和自信都会感染和影响顾客，并促使他们做出购买的决定。

通常情况下，店员应该掌握的专业知识包括以下几个方面：

第一，对自身产品和服务烂熟于心。

要真正了解产品的构成、性能、优势、劣势等所有细节，不能简单说“我的产品是最好的”“我的产品是独一无二的”等根本没有明确产品特性的语言，必须给顾客一个可信的产品特性介绍，或者是直接拿出数据说话。

第二，充分了解竞争对手的产品和服务。

店员不仅要将自己产品彻底吃透，还要了解主要竞品的特性，同自己的产品做一个深度对比，熟知各自的优势、劣势。

第三，充分了解消费者对行业的看法或认可度。

了解顾客对行业、商家、品牌、价格、服务、体验等方面的综合态度，综合分析自身所处的地位、不足，思考如何改进。

第四，详细解读消费者消费心理。

除了常规的市场调研、用户访谈外，店员可以将自己作为超级用户，换位思考，设身处地体验一下自身产品、服务的整个消费流程，自己给自己找问题，发现消费体验中的不足之处。

3. 善待员工

小而美商家希望给消费者提供有温度的服务，首先应将这种温情传递给自己的员工。善待员工，让他们感觉工作是自由的、快乐的、虔诚的，在如此心境之下，他们才有可能为顾客提供有温度的服务。

2008 年中旬，大连大商总裁在郑州改革开放 30 周年商业企业高峰论坛上说：“今天我不想讲大连大商，就想讲讲胖东来现象。这么多年来，我没有见过像胖东来这么好的生意，你见过人排队吗？见过汽车排队吗？见过电动车排队吗？烈日炎炎下，妇女顶着太阳，打着遮阳伞，推着电动车排 15 分钟，前面出去一辆，这边才能进去一辆，方圆一公里之内都没有商店，人家就在这一棵树上吊死。汽车也是这样，一到周末整条街都封路，不管是许昌，还是新乡。前几年如此，现在还是如此，不服不行！”

上海连锁经营研究所所长顾国建，中国连锁协会会长郭戈平参观完胖东来说：“这绝对是中国最好的店。”①

这些行业协会和同行的评价，没有夸大其词。

进入胖东来的店面，有什么不一样呢？最明显的是你所看到的营业员，全都笑逐颜开，跟其他地方营业员那种常见的职业性微笑不同的是，他们是发自内心，让顾客如沐春风，感觉很舒服。

胖东来的营业员称呼顾客没有不喊哥不喊姐的，看到抱孩子、提东西、上下楼梯的顾客，马上会有人出来相助。超市内部，做清洁工作的阿姨，竟然跪在地上拿毛巾擦地，旁边还有一个配合着拿扇子扇，两人有说有笑，高高兴兴就把活给干了。有人问她们是老板这样要求的吗，回答说不是。那是为什么呢？她们的答案是：因为这样擦得干净！什么情况下，人会以这样的态度来干活？只有在家里，给自己干活，给自家擦地的时候，才会如此精心，才会这样负责啊！

我们的员工也许也能做到这一点，但他们很可能是畏于制度、迫于老板压力，咬着牙才这么干的。对于工作，是自动自发，还是制度所迫驱动？带来的结果是不一样的，员工的工作状态是不一样的，更重要的是，他们给顾客的感受是不一样的。人都不傻，你对他们是真心相待还是外热内冷、虚情假意，大家是能够体味出来的，这就是差距，这种差距有时候是难以逾越的鸿沟。

什么人会像胖东来的员工一样认真负责？家里人。

员工为什么为你的店铺操心？因为这事和他有关系，和他自身的利益切身相关。不操心，自己的经济利益就没有保障，甚至被切断。操心了，店铺好了，自己也就好了，也就得实惠了。

这就是胖东来的管理逻辑，让员工切实得到实惠，得到收入。胖东来的员工收入当然相当可观。

作为同行，大连大商总经理的年薪是多少，通常是28万元，最高也不

---

① 姚远生：《也来解读“胖东来现象”》，新浪博客，2013年9月1日。

会超过50万元。你猜猜胖东来一个店长年薪多少？100万元！是大商总经理的三四倍，这只是个店长。再看看其他管理人员的收入（见图9－2）——

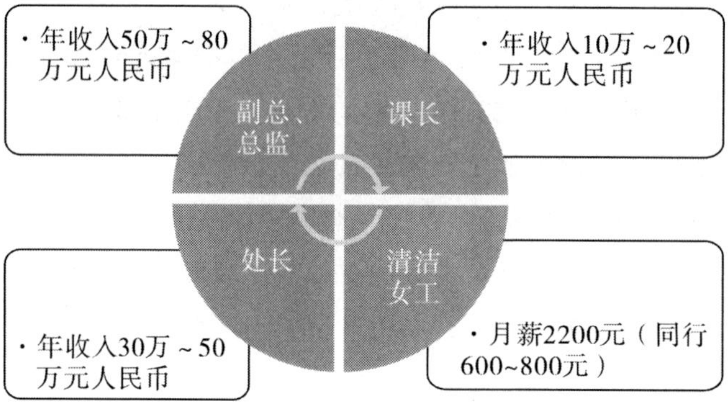

图9－2　胖东来各级员工收入水平（河南许昌2008年数据）

如此，便不难理解为什么胖东来的员工能为顾客提供发自内心的温情服务了。

“好市多”也深谙此道，他们对商品“死抠”，对员工却不抠门，员工薪酬远远高出沃尔玛等同行，离职率只有5%。

在2014年，全美企业员工满意度排行榜上，“好市多”仅次于谷歌，排名第二（见图9－3）。

Rank	Company	Comp & Benefits Rating
#1	Google	4.4
#2	COSTCO WHOLESALE	4.4
#3	f	4.3
#4	Adobe	4.2
#5	Epic	4.2
#6	intuit	4.2

图9－3　2014年美国员工满意度公司排名

店员同顾客之间是一种服务与被服务的关系，这一点没错，但它并不意味着服务人员就低人一等。

零售商要营造恭敬且有温度的服务氛围与服务文化，就必须先在内部营造一种尊重员工、善待员工的氛围，受这种氛围的感染，员工才能自然而然地为顾客提供有温度的服务，而非生搬硬套，挂着言不由衷的笑容，进行生疏而机械的服务。得到温情服务的顾客，则会成为商家的常客，甚至会带动身边的人前来消费，为商家带来源源不断的客流和利润，实现良性循环。

五、小而美商家的自媒体传播思维

2006 年底，美国《时代》周刊年度风云人物评选封面上，并没有任何实际的名人，也没有人物照片，杂志封面上放置了一个大大的“You”和一台 PC（见图 9－4）。

图 9－4　2006 年《时代》周刊年度风云人物封面

《时代》周刊对此的解读是社会正从机构向个人过渡，个人正在成为“新数字时代民主社会”的公民。2006 年年度风云人物就是“你”，即互联网上内容的使用者和创造者。

互联网时代，个体从“旁观者”转变成为“当事人”，每个人都可以拥有一份个人的“网络报纸”（博客）“网络广播”或“网络电视”（播客）。媒体仿佛一夜之间变得不再高大上，不再遥不可及，而是成了人人可以触及的传播载体。

这种个人的传播载体就是自媒体，是指私人化、平民化、普泛化、自主化的传播者，借助现代化、电子化的手段，向不特定的大多数或者特定的单个人传递规范性及非规范性信息的新媒体的总称。

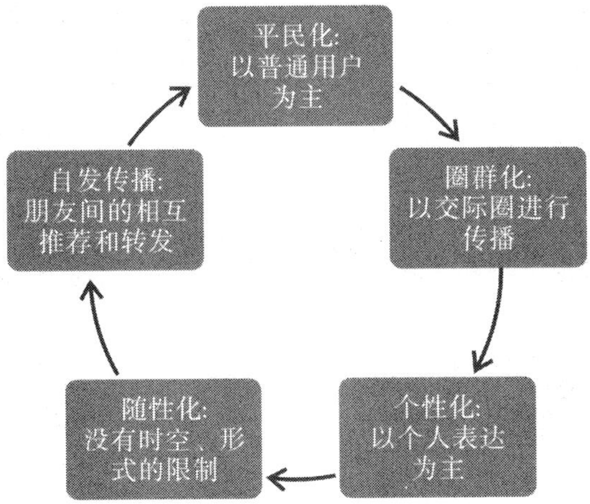

图 9－5　自媒体的特征

常见的自媒体平台包括：博客、微博、微信、QQ 空间、百度官方贴吧、论坛/BBS 等网络社区、今日头条自媒体平台等。

小而美零售要在去中心化时代成功实现“数字店铺”的营销推广，需要建立自己的自媒体平台，选择一种或几种最适合自身的社交媒体和社交平台，组合成一个互联网自媒体推广、宣传平台，实现对商圈和顾客的低成本精准营销、大范围拓客和集客以及互动式会员管理。

“黄太吉”是北京一家经营煎饼果子、油条、豆腐脑等传统美食的特色餐饮小吃店，于 2012 年 4 月份开业。其创始人赫畅是互联网职业人士出身，曾任职百度、去哪儿、谷歌等知名互联网企业，凭借其互联网思维，硬是将普通的煎饼果子做出了国际范儿，致力于用新思维、新模式，打造新式中国快餐。

开业之初，黄太吉便开通了新浪微博，运营自媒体，确立了社会化的营销思路，宣传渠道主要集中在微博上。一时间，“黄太吉老板开奔驰送煎饼”“美女老板娘送餐”“煎饼相对论”等话题迅速成为微博上“吃货们”口口相传的话题。

“很多顾客都是看到微博上的分享慕名而来的。”在赫畅看来，“没有微博，我们这样的店是开不起来的。”

赫畅甚至认为："善于利用微博，将是每一个要做店、做餐饮、中小商户的老板必须掌握的东西。你不懂微博或者不会利用的话，坦白说，可能是你做事做了100%，成功的可能性可能只有30%。"

除了微博，黄太吉还借助了包括大众点评、微信、QQ、陌陌等在内的社会化自媒体平台，用来推广、推送信息甚至订餐。

我们看到，现在有很多商家都开通了微信公众平台等自媒体，不过自媒体平台搭建容易，想要运营好自媒体不是一件简单的事，需要做到以下几点：

1. 首先明确用户是谁

商家做自媒体，首先要了解并明确自己的用户范围，然后围绕这个群体，去做针对性的内容推送，去做宣传，去传播活动内容。

2. 要重视与粉丝的互动

商家和粉丝的互动不可或缺，通过互动，一方面帮助粉丝解决问题，解决疑惑，另一方面又增加了用户黏性。

要保持长期互动，自媒体的内容就必须有特色，否则很难长期吸引用户。

3. 做好用户细节体验

用户体验都体现在细节里，比如欢迎语的设计、文章的版面设计、图片如何插入等，都会影响到用户体验。

4. 追求人性化

世界上没有完美的东西，况且每个顾客的审美标准是不一样的，因此不存在满足所有用户的完美内容。但是，我们可以做到人性化，设身处地为用户着想，放低姿态，让用户感觉到被尊重。

5. 做好数据维护工作

做好自媒体，需要耐心去做数据的维护，包括一些用户标签、一些分类的标签，需要定期去做一些维护。其实自媒体最本质的就是建立渠道，建立一个同用户沟通的渠道，维护同用户之间的"强关系"。

六、打造互联网智慧零售门店

互联网技术最重要的两个特征，是连接和交互，就是以顾客为中心，连接顾客，与顾客进行交互。

由于互联网技术的发展，顾客的消费习惯和反馈更容易掌握。如今，线下零售店借助互联网技术，可以将顾客连接和交互做得更充分，将顾客体验做得更惊艳。

“不怕竞争，就怕不公平竞争。”北京超市发连锁股份有限公司总裁李燕川说：“不了解互联网时，心里打鼓。但等到熟悉了、会用了，线下企业反而欢迎竞争。现在的主要矛盾不是竞争，而是线上和线下在某种程度上处于不公平竞争，不利于线下零售业的平稳转型。”

线下零售商有必要学习利用互联网等新技术来实现经营方式的跨越。而一旦掌握了互联网技术，线下商家将在消费体验、价格、售后等方面展现优势，完全有能力同电商分庭抗礼。

事实上，互联网技术正在深入渗透和应用于线下实体店的各个角落，大数据、WiFi、电子标签、智能货架、自动收银、自动打包、移动互联、线上 APP 等技术正在推动线下实体商业的技术革新。

未来，线下门店的终极模式就是要借助互联网技术，将之逐渐升级成“实体 + 智能”于一体的“数字店铺”，最终实现线上线下的全渠道 O2O 商业模式。

比如，在店面的适当位置，添加可以无缝链接物联网的数字货架、智能电视、数字橱窗，用于点击即可播放产品、服务使用示范和品牌宣传，并借助免费 WiFi 和会员接入等，通过移动手机客户端 APP、网店、微店，以及微信、陌陌等社交媒体平台，实现线上线下对顾客全天候“随时、随地、随心”的无缝链接，实现门店互联网“六化”（见图 9 – 6）。

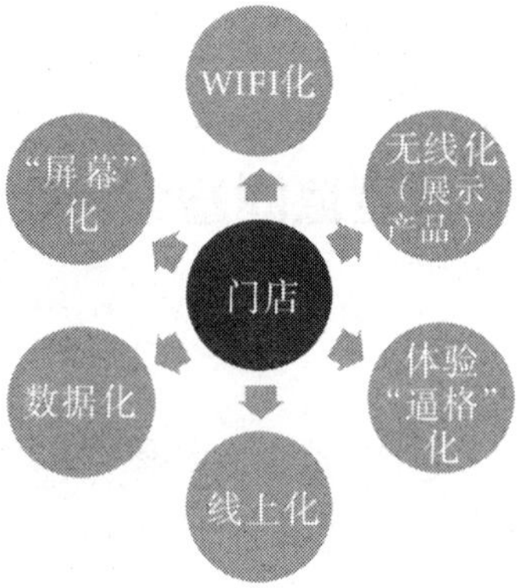

图 9－6　门店互联网"六化"

除此之外，还有一些新技术会深刻影响到线下零售的未来（见图 9－7）。

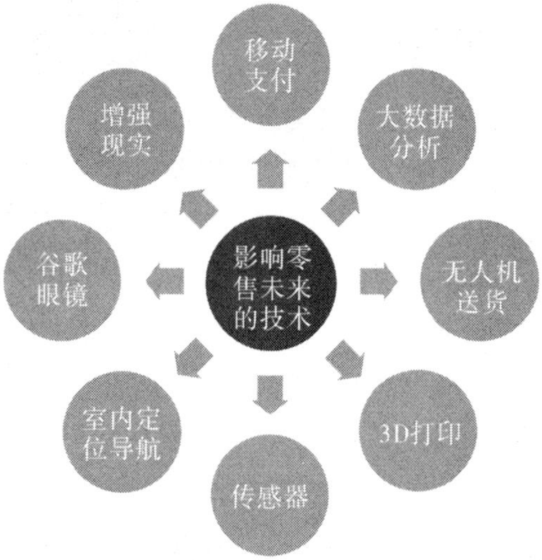

图 9－7　影响零售未来的八大新技术

七、利用黑科技提升门店体验

日本动漫《全金属狂潮》中提出一个新概念——“黑科技”，原是指远超越现今人类科技或知识所能及的范畴，目前缺乏科学根据并且违反自然原理的科学技术或者产品。

在国内，黑科技被引申为高科技泛滥之后演变出来的更强大或者更先进的技术以及创新、软硬件结合等，也包括对现有技术的改进升级，以及对现有产品使用体验的升级等。更多是指那些现实生活中让大家“不明觉厉”的新硬件、新软件、新技术、新工艺、新材料等。

如今，一些黑科技开始被一些高大上的线下商家用来改善门店体验。

在各大实体店纷纷关店的当下，“茵曼”作为一个线上起家的服装品牌，大举进军线下，在全国范围内布局开设线下体验店，获得了长足的成长。

在茵曼的体验店中，顾客能获得一些新奇的体验——

1. 情感机器人

茵曼体验店内的机器人叫“Super 曼”，是一款基于云端，具有情感功能的类人型机器人，它可以通过顾客的面部表情和说话的语调，来判断顾客的情感状态，并通过表演、对话等方式，为顾客提供充满奇趣的互动体验。

“Super 曼”被放在体验店门口充当超级迎宾，它能够根据顾客心情状态进行互动，并且可以同顾客进行答题互动，对答成功的顾客，可以获得现金券或茵曼的定制小礼品。

2. 人工智能“魔镜”

“魔镜”具备智能识别功能，当顾客手拿服装出现在“魔镜”感应范围内时，它能够立即显示商品的细节信息，比如模特图、搭配图、细节图、尺码、库存等。通过“魔镜”，顾客还可以查阅商品的买家评价，作为参考。

在茵曼体验店，顾客还可以借助手机扫码，体验影音式导购，得到自助的语音和图像说明。

除此之外，越来越多的新零售商开始尝试一些新的门店体验技术。

1. 视频直播

通过视频直播技术，零售商可以即时回答消费者的各种问题，解释产品的卖点和用法，可以用来改善体验、增加销售。比如，2016 年 5 月，韩都衣舍携手网红时尚达人在多个直播平台直播韩国穿搭之旅，吸引了将近 200 万人观看，将进店客流量带到了一个峰值，其中绝大多数是新客。

2. 黑科技后仓

在盒马鲜生的门店天花板，消费者能看到一条悬挂链，订单就是从此处传输出去，到达盒马鲜生最神秘的后仓，这是一个由极其复杂的大数据算法和各种人工智能设备构成的黑科技后仓，据说马云在前往盒马鲜生视察时，曾在后仓停留了足足 10 分钟。在这里，后仓系统会根据订单商品组成、相近的预约时间、相近的消费者位置、相似的配送员路径，经过精密验算后将商品自动合单，并帮助打包员在后仓快速打包，整个打包过程会严格控制在 3 分钟以内，以便订单能够在承诺的 30 分钟内抵达 3 公里范围内的用户，确保生鲜产品的新鲜。

这些黑科技的引入，大大增强了零售商的差异化体验度，为顾客提供了无与伦比的消费体验。

新零售体验式营销是一种突破以往“理性消费者”理论的营销模式，将顾客的理性与感性结合，商品本身的价值不再是消费者购买行为的全部，消费前、消费中和消费后的体验成为实体店经营的关键。

在目前的技术层级上，体验式营销的理论体系已趋向成熟，各种新奇的科技设备也逐渐被广泛运用于商家市场营销当中。

不过，VR（虚拟现实）技术的发展，以及下一代计算终端平台的革新浪潮让“体验”二字有了全新的表现形式以及新的想象空间，这使得体验式营销能在 VR 时代下有了更多维度的发展空间。

在 VR 时代，新零售的体验式营销可以打破时间、空间的限制，一部 VR 头盔式显示器，就能将店铺运营的所有相关信息连接到逼真的三维虚拟世界当中。特别是当显示镜头的分辨率、清晰度达到更高级的阶段时，大部分的实体产品都能以一种“拟真”的方式呈现在虚拟世界当中，让顾客能够比当今的 2D 平面更加直观、全面地了解产品的物理特性。

VR 技术让商家有了更大的发挥空间，让一些原本不可能的体验变为现实。

我们知道，体验式营销的核心在于提供极致的顾客体验，传统上那些缺乏交互性的体验方式只能给顾客留下浅层印象，若想给顾客带来更深度的体验、更深刻的印象，就务必构建互动性、参与式的消费体验。

比如，在麦当劳的 VR 广告中，人们看到的不是新品推荐和优惠活动，而是各种奇思妙想的创新性互动娱乐体验，例如同“汉堡人”打架、为“M”标志填充颜色以及帮麦当劳叔叔给孩子们分汽水等独特的体验。

不过，目前由于技术所限，硬件普及率较低，以及硬件的不够完善，比如眼下的大部分 VR 头盔显示器的画面质量还不够清晰、设备沉重等问题都会影响顾客体验。但可以预见的是，在不远的未来，VR 体验式营销将会越来越普及，并逐渐登上线下商业的体验舞台。

新零售爆品思维：前台系统与后台系统

◎在零售业经营体系中，有一只“看不见的手”在起作用。

新零售的后台系统是给顾客带来良好体验的背后的高效运营体系，这是一只“看不见的手”，是零售商的核心竞争力所在，也是竞争对手很难模仿偷学到的一门艺术。

案例：“好市多”是最值得国内小而美商家研究的标杆企业之一。

◎小而美零售要具备供应链整合能力。

案例：迪卡侬、宜家通过掌控供应链，提升竞争力，实现逆势增长。

◎内部的精细化管理。

精细化管理，是零售业向“小而美”方向蜕变的一条必由之路，通过精细化管理，方可更好地做到“小而精、小而优、小而美、小而强”，在此基础之上才有可能打造爆品。

◎员工行为的重塑。

员工在顾客体验传达和顾客关系塑造中起重要作用，是连接零售商和顾客之间的关键纽带，务必要重塑员工行为。

案例：胖东来的“善待链条”，通过善待员工来善待顾客。

◎打造智慧门店，提供新奇体验，形成衍生爆品的温床。

第十章

新零售的爆品路径

一、线上线下趋于融合

新零售开启的是新商业时代，当前，国内线上和线下的传统零售商都面临来自竞争对手的压力和增长压力，于是，线上线下去渠道融合就成了新的增长动力。

一方面，互联网电商开始大举进军线下，如阿里巴巴联姻银泰、百联集团、联华超市、三江购物、盒马鲜生等线下实体商业打造新零售生态系统；京东则宣布要在5年内开设100万家线下零售店，同时携手沃尔玛开启“88购物节”；小米CEO雷军也表示未来争取开1000家线下零售店；当当网、亚马逊开设实体书店，亚马逊还推出便利店。

另一方面，一些线下传统零售企业也在往线上渗透，如永辉超市联合京东布局O2O、电商，宜家家居也开始试水电商。

线上线下的融合趋势，让线上和线下的边界越来越模糊，通过两个现象的一系列变化，会更好地证实这一点：

1．实体零售的“展厅现象”

曾经，电商因其价格优势，很多消费者都会先去实体零售店体验产品后再在网站上下单，使得实体零售店一度沦为电商的“展厅”，消费者成了“线下选、线上买”，只看不买的“打样”族。这种现象也被称为“展厅现象”。

2．线下逆袭的“反展厅现象”

电商的繁荣培育了消费者，面对电商各种营销噱头、各种换汤不换药的促销方式以及层出不穷的网购陷阱，消费者对于网络购物的态度也日趋理性，消费市场因此出现“反展厅现象”，即消费者在网上搜索对比产品后，最终前往实体零售店购买。

来自eMarketer全球零售市场新指数显示，美国近八成消费者更喜欢在线下零售店面购物，网购的零售收入占比只有6.5%。另有70%的全球受访者表示，他们在网上浏览产品，但决定在门店购买。①

在趋于理性和追求品质生活的国内消费者中，“反展厅现象”也在蔓延。

例一：

李女士是一名购物达人，2016年“双十一”期间，在某家电天猫旗舰店看中一款液晶电视，标价6880元，选择送货上门并安装还需另外支付200元。李女士没有贸然下单，她发现同品牌同款电视在实体家电卖场的标价也是6880元，还可以享受9.7折优惠，且免费送货上门安装。

经过比对，王女士选择到线下实体店购买，优惠力度更大，节省了安装费用，送货和安装效率更高，在实体店购物的性价比已经超出了网购。

例二：

小刘在某购物网站看中一款阿迪达斯T恤，标价179元，低于通常的商场专柜标价，高于网上横行的仿品，他担心网购到高仿商品，便到商场专柜找到了同款，发现打折后价格为189元。

小刘毫不犹豫地选择了在商场专柜购买，一来专柜优惠力度很大，二来不用担心买到假货，还能试衣体验，当即提货。至于那10元的差价，在小刘看来几乎可以忽略不计。

3. 线上线下的界限日渐模糊

前面两种情况，尽管同时涉及线上、线下，但最终的成交方比较容易界

---

① 胡潇予：《比价格、拼体验，家电卖场逆袭电商》，潇湘晨报网，2015年11月5日。

定，或者是“电商引流，线下成交”，或者是“线下引流，电商成交”。

另有一种情况，是线上线下商家高度融合，甚至合二为一。这样无论消费者选择何处成交，最终的收益都归属同一方，实现了“一对一”精确引流。

比如，消费者前往某商场艾格（Etam）服装专柜，发现喜好的一款外套却没有适合自己的尺码，于是在店员的推荐引导下在该品牌的天猫官方旗舰店下单。

再比如，某模型玩具店通过微信朋友圈发送商品信息，消费者看到信息选择了网上支付、快递上门的购买方式。

以上交易模式，从统计学上已经很难辨别出成交的实际归属方是电商还是线下零售店。

线上和线下的界限已然模糊，就整个零售业来说，竞争不再简单是线上和线下模式的竞争，而开始回归零售的本质：谁能更好更高效地服务消费者。新零售仍然是零售，其本质和基本逻辑并未改变，改变的只是各种外在形式（商业模式）和手段（技术、服务手段）。

二、自我升维：爆品进化路径

新零售是一种新型商业模式，是相对于传统线下零售和传统电商而言。新零售兼具线下实体零售和线上电商的某些特征，它是线上、线下和现代智慧物流充分融合的产物。

众所周知，任何一种新型商业文明的诞生，都有其内驱力和外驱力。从外部看，传统零售的创新与升级，归根结底是消费升级的产物，消费者日益苛刻的消费需求在倒逼商家与时俱进，进行转型。从内部看，传统零售自身的一些短板和痛点，使其在面临商业新环境、满足新时期消费者需求时有些捉襟见肘，不得不进行自我革命。

未来，线上、线下零售商的界限会变得越来越模糊，不会再有单纯的电商和纯粹的线下零售，任何割裂的线上或线下零售都有其先天不足。

正视问题是提升的第一步，而新零售进阶的本质不仅仅是线上、线下的充分融合、互补，同时也是旧有商业元素的重组，如何补齐短板、完善心智模式，具备全渠道思维，在新物流的配合下完成效率革命，是传统零售商首先要解决的问题。

新零售一定是"共享共赢型"零售，所谓"共享"，即生态系统内的资源、信息共享；所谓"共赢"，即系统参与者共同凝成一个强大的命运共同体，共担风险，共享收益。搭建零售生态系统，不仅仅是巨头的专利，小而美零售商也可以集中资源来构建自身的零售小生态，同时，出于提升竞争力、提高风险抵御能力的需要，也能以灵活多变的合作方式进入巨头们的零售生态，共谋发展。

小而美新零售实际上有三个关键词——"更智能、更新奇、更好玩"，它是以消费体验为中心的新型商业模式，无论零售商如何升级，如何提升效率，其最终目的都是为了无限逼近消费者内心需求，最终实现"以消费者体验为中心”，都是为了提升消费体验。须知，当下的消费者已经不再局限于在每周、每月的固定时间里，在固定的购物场所进行消费。而是转变为随心所欲的全天候、多渠道的消费，消费者可以在任何时间、任何地点，通过多种方式购买他们所喜欢的商品。

如今，消费者可选择的消费渠道越来越多，而刚性的消费需求越来越少，越来越多的消费情况是“凭任性”“看心情”。零售业竞争的本质就演变成了一场顾客争夺战，是客流经营能力的比拼。谁更好玩、更有趣，谁的商品、服务更新奇、更有特色，谁的活动参与性更强、体验更优，谁就能更多次数、更长时间地吸引消费者，也就有了更多的胜出机会。

无论零售业如何演进，新零售从本质上讲仍是零售，脱离不开一些零售业本质性的要素，例如：对人、货、场的重构；内部综合运营能力和精细化管理能力；以工匠精神做产品、做服务；雇员行为的重塑等。这些都仍然是要强化和不断精进的，应上升到零售哲学的高度来对待。

我们注意到，进入 2017 年下半年，各种零售新思路、新模式、新物种，仍在不断涌现，传统零售商的新零售精进之路从来都没有止息，小而美新零售当然也没有固定的路径可循，有的只是战略支撑前提之下灵活地、因地制宜地创新。

爆品路径一：品质为王，用心打磨产品、服务

在上海一条不知名的小巷里，有一家“阿大葱油饼”。

店主叫吴根存，被人称为“阿大”，他做了 30 年葱油饼，是濒临绝迹的上海老手艺人，被誉为“中国葱油饼之神”。

“阿大葱油饼”每炉只能做 20 个，耗时 30 分钟，每天限量只做 300 个。无论严寒酷暑，无论外边排的队伍有多长，顾客有多么“怨声载道”，阿大始终严守工时和工序，“没法快啊，快了外面焦里面不熟，猪油没化掉，口味就两样了。”

好不容易等到一炉葱油饼出锅，排在前面的心急的顾客伸手就要去拿，每当这时，阿大都会提醒，“不许拿！要放 2 分钟才可以。不然

不脆！”①

“阿大葱油饼”所在的小巷，每天都人潮涌动，有人甚至赶早班地铁、哪怕排上5个小时的队，也要一饱口福。

如今的阿大作为上海的名匠，不仅被央视报道，就连英国BBC都慕名而来，为他专门拍了一组纪录片。

30年不断精进的手艺，是对顾客的尊重，也是对自己的负责。阿大的坚守，为他带来了可观的回报，他在上海先后买下三套老洋房。

如今的阿大已经65岁高龄，整个小店只有他一人忙活，没有学徒和帮工，他不能退休，因为没人能“扛”下他的衣钵。

有人想出钱买他的技术，也有人出高价想搞连锁，都被阿大拒绝了。

在阿大看来，他的手艺没有什么秘密，又不是造原子弹，哪有什么秘术。

阿大说：“这东西要用心做，都好吃的。”

一个再简单不过的道理，一个再简单不过的成功之道。

很多人就是耐不下性子用心去做，一辈子都学不会。

日本东京有一家名叫“小笹”的小店，只有3平方米，产品就两种：羊羹和最中饼。羊羹每天限量只做150个，可年收入却高达3亿日元。

很多人早上四五点就来排队，将近50年，天天如此。

顾客为何甘愿这样排队购买，来听听食客的说法——

> “吃了一口，感觉整个宇宙都要美哭了。”
> “吃下一口，仿佛去深海遨游了一次。”
> “羊羹里住着锦鲤，吃下，愿望仿佛就能成真。”
> “美到舍不得吃，但是又美味到忍不住不吃。”
> ……

---

① 金错刀：《震惊了央视和BBC的中国葱油饼之神，排队5小时，竟是一位65岁的驼背老大爷》，金错刀微信公众号，2016年7月19日。

“小笹”的老板叫稻垣笃子，在他的世界观中，最好的羊羹，会在制作中的某一刻闪耀出紫色光芒，为了一睹这种紫色的光芒，稻垣笃子花了10年时间。

那一次，稻垣在制作羊羹时欣喜地看到了瞬间闪过的紫色光芒，也是那一次制作的羊羹，终得父亲（也是师傅）的认可。这期间，父亲对他的要求只有一个——总之就是要做出最美味的羊羹。

羊羹制作难点在于如何调和出口味如一的产品。因为，每天的气温和湿度不同，红豆（原料）的产地和质量不同，每天木炭的状态也不同。所有这些因素都会影响羊羹成型后的味道。

为了找到最佳调和之道，稻垣又探索了10年，终达“技近乎道”的境界，他对此的感悟是：“炼制羊羹时，就是我一个人的世界。那是谁都不能打扰的我和羊羹面对面的时候，是只能专注于这件事、心无杂念的时间。忘记工厂或店铺的事、人际关系，以及炎热，全部都要忘记，只是聆听红豆的声音，心无杂念地炼制羊羹。然后，看到紫色光芒时，我就会感受到无法言喻的爽快感。”①

经过长达30年的苦心探索，稻垣技艺终于超过了父亲。

日本琦玉县晶平锻刀道场是日本武士刀锻造的标杆道场，道场的主人川崎是一位传奇锻造师。

一次，川崎在接受采访时，用“技、艺、道”三个字，描述了自己的匠人之路。

当学徒的时候，“看山是山，看水是水”，按图索骥，学习的是最基本的锻造工艺。此为“技”；

出师之后，经过不断地摸索和试错，开始“看山不是山，看水不是水”，在不忘师承的基础上，开创了属于自己的锻造风格和流派，进入“艺”的层面；

锻造多年，经过无数次升华和沉淀之后，则返璞归真，“看山还是山，

---

① 《匠心匠造！3平方米小店，年赚3亿》，链接：http://toutiao.com/i6298297495826989569/.

看水还是水”。在锻造的时候，刀再也不是一件死物，而是一种生命体，仿佛被赋予了灵性，就如川崎自己说的那样——“日本刀是有魂的”。

这里的魂，指的就是灵性，亦即我们所说的“艺通乎神”，开始领略到“道”的境界。

清代启蒙思想家魏源曾说：“技可进乎道，艺可通乎神。”商家打磨自己的产品和服务，就是要达到这种出神入化之境界，通过长期的坚守，“用心、入神”地去对待自己的事业，去对待顾客，倾注所有情感，让每一项服务、每一件作品都是活的，充满生命，就像是被施加了魔法。

台湾“诚品书店”创办人吴清友说过一句话：“服务的最高境界是精进自己，分享他人。”无论是经营何种形式的小而美零售，都需要这样一种姿态：精进产品、精进服务、精进自己，以一颗匠心来打磨自己的事业，打磨自己的心和生命。

爆品路径二：服务至上，设身处地为顾客着想

服务主导型小而美零售的爆品思维，体现在用心上——一颗设身处地为顾客着想之心。

1. 站在顾客立场去推销

去逛“信誉楼”商场，我拿回了一本他们的宣传册，名字叫《视客为友：案例选编》，其中一个名叫孙婷的营业员讲了这样一个故事——

> “一天中午，一位30多岁的男顾客来选项链。顾客不在乎多少钱，只想要一个克数大点的。根据顾客的身高，我帮顾客选了一款竹节加橄榄型50多克的项链，但是顾客为了更气派，执意想选一个克数更大一些的。我拿了一款70多克的让他对比。大克重的对于他的身材条件来说，显然过于夸张。
>
> “我就对顾客说：‘男士戴黄金项链，本身就代表着气派，只要合适就行，不一定越大越好。这款50多克的就很适合您。’
>
> “顾客又比了比，觉得很满意，说：‘要是在别处，肯定说70多

克的好看。还是信誉楼的服务更真诚，就给我拿这款50多克的吧！'顾客临走时连声向我感谢。

"因为顾客对我的信任，我感觉很有成就感。"

看了这个案例，真是让人温暖，让人感动。

表面上看，这只是个别营业员的个人行为，是偶然现象，是个例。其实不然，我更愿意相信这是企业文化、员工培训、价值导向、服务意识、绩效考核等多重因素综合发力的结果。

如果商家只是营业收入驱动型的，那么其员工也显然会将顾客分三六九等，对业务挑肥拣瘦。如果商家是顾客满意驱动型的，并以此来要求、考核员工的话，那员工的行为必然会向让顾客满意的方向靠拢，而不单单是为了成交，不单单是为了说服顾客多消费。

不要以为顾客比你傻，也不要自作聪明。你是充满关心，还是暗藏私心，他们其实都心知肚明。

2. 服务恰到好处

服务刚刚好最好（见图10－1）。

在"鼎泰轩"，每个员工都要学会观察顾客的一举一动，据此猜测他们的想法，目的是做到"想在顾客之前"，比如，在"鼎泰轩"的新员工培训里，有一项"听筷子掉落"的特殊训练课程，服务员要学会根据声音辨别筷子掉落的方位，并且赶在顾客呼喊服务员之前的第一时间给客人送过去新筷子。

图10－1 恰到好处的服务要点

在"鼎泰轩"看来，这就是刚刚好的服务。刚刚好，是一种恰到好处的优雅与热情，没有殷切过头，没有为了服务顾客而绞尽脑汁，有的是及时送达顾客所需、令顾客欣喜的独特体验。

3. 暖心的细节服务

有一次，去某知名服装品牌的专卖店，店里一个年轻的促销员一直跟随着介绍、推销，态度非常热情，有求必应。架不住她的热情，我就随意试穿了一款她推荐的上衣。

感觉一般，没有想买的冲动。

“衣服还可以，我再看看吧。”说完，脱下衣服递给了她。

谁知这小姑娘竟脸色突变，之前的笑容可掬瞬间被满脸的冰霜所取代，还把脸扭向一边，我甚至能感觉到她神态中透露出的一丝鄙夷。她嘴上虽然没说什么，前后态度却判若两人，真是个变脸高手。

心里虽然有一丝不爽，但还不至于跟她计较。

让我惊诧的是，这都什么年代了，在电商步步紧逼的时代，她竟然还是这种服务态度？

在日本，顾客选购期间，售货员都会很耐心、细致地关照每次试衣，并做适当介绍，推荐颜色、款式搭配，给出个人建议，如果顾客没有选购到合适的款式，店员会深深鞠躬说：“非常抱歉！您在这里没有挑选到适合您的东西，欢迎下次再来。”甚至店员还会推荐区域内同品牌店铺，并会拿地址与图册给顾客参考。

这就是日本实体商业的尺度，这个尺度唯一的标准是人——通过暖心的服务细节，表达对人的尊重与关注。

同我们的服务水准相比，看似只不过是细节上的细微差异，其实是鸿沟之别。

爆品路径三：通过增值服务为消费者创造更多价值

随着传统线下商家与电商的竞争从“游牧战”转向“地面战”，小而美零售经营者切不要陷入“价格战”或“移动战”的误区，只有真正以消费者体验为中心，通过增值服务为消费者创造更多价值，才能赢得无缝零售之战。

结合自身优势和资源条件，挖掘增值服务的潜力，实现从“商品搬运工”向“服务提供商”转变。

提供更多增值服务，实际上也是消费者对小而美零售从业者的一种新时代期许（见图 10 -2）。

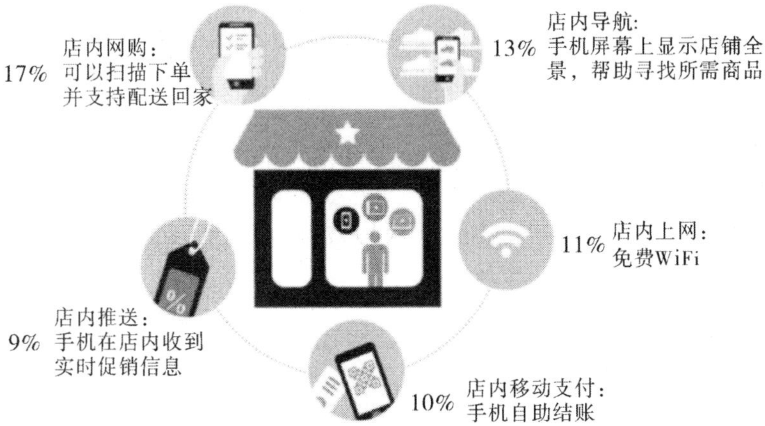

图 10 -2　消费者对零售店的增值期待①

在很多一线城市的写字楼、商圈和社区，一些具有前瞻性的零售商家，已经开始践行通过提供更多的增值便民服务来增加顾客黏性的新招式。

在总人口达 10 万余人的北京方庄社区，方庄地铁口附近开有一个“邻家”便利店，店面不大，销售的商品品类也不算多。但他们提供的服务可不算少，在这里，顾客可以享受到洗衣、自助缴费、免费 WiFi、复印、限时送达、会员积分等增值服务。

值得一提的是“邻家”的洗衣服务新模式，通过和洗衣工厂直接合作，来为顾客提供专业洗衣服务，36 小时可取，效率要高于周边商圈的专业洗衣店，很受顾客欢迎。

邻里家（北京）商贸有限公司运营总监翟悦称：“这比很多洗衣店要快，方便了周围写字楼的白领。目前，这项服务已在50 多个门店推出，完成了 1 万多单。我们还提供免费 WiFi 和手机加油站服务，手机充电时每个手机一把锁，锁好后就可以放心地买东西，也可以在餐台吃完东西后再来

① 本图中数据来自埃森哲全球无缝零售消费者调研数据。

取手机。此外，还有复印、自助缴费等服务。最近，我们正在谈代收快递服务。”

不只是“邻家”，很多城市的便利店，都开始迎合顾客需求，拓展增值服务内容，比如：免费提供开水、手机卡充值、免费微波炉加热、拉卡拉便利支付、公交卡充值、ATM 取款等。

这些新服务内容，在方便顾客的同时，也为商家聚拢了人气。服务搞上去了，商家才会受顾客青睐。

爆品路径四：通过“更少、更准、更好”来挑战“更多”

大家都有过这样的经历：

选购商品的时候，面对琳琅满目的品牌和品类，顿时变得头大，会陷入一种选择性障碍。

翻来覆去看好久，还是不知道选什么。

这就是消费社会中普遍存在的“选择难题”，消费者往往会因为面对种类繁多的产品和服务，而无从下手。

在 2016 年中国“互联网 +”峰会上，京东集团 CEO 刘强东透露了一组数据，他谈到，“传统零售库存管理只有 5 万种，最多没有超过 15 万种，沃尔玛全球的产品总数只有 15 万种，但是京东管理着超过 200 万种的库存产品，全国 200 个库房”。

网络零售将这种“选择难题”几乎无限制放大化了，因为它建立了实体商业不可获得的浩瀚产品体系，有着“无限”的可选择性。

对消费者而言，更多的选择未必是好事，反而会成为他们购物消费时的一个痛点。有时，替消费者做出最合理的筛选，给予消费者最佳选择，未尝不是一种行之有效的经营策略。

在移动互联网时代，追求高效率和简单化的消费者，对功能烦琐、操作复杂、选择繁多、需要动脑去思索的产品和服务，会越来越排斥。

《新约 · 马太福音》中有言：“你们要进窄门。因为引到灭亡，那门是宽的，路是大的，进去的人也多；引到永生，那门是窄的，路是小的，找着的人也少。”

小而美零售进入的是一道窄门，小即是大，美即是好。更小、更美，意味着更专业、更迅速、更精确、更快捷、更细致、更耐心、更贴心……也更容易满足消费者需求。

零售“小而美”模式的精髓在于：通过“更少、更准、更好”的精准聚焦定位来挑战“更多”。

德国阿尔迪（ALDI）是一家奉行“简单至上”的连锁折扣超市，早在2006年，阿尔迪就逼得沃尔玛彻底退出德国市场。这还不算完，阿尔迪还杀向了沃尔玛的老巢——美国，荣登美国“超市在消费者中受欢迎程度”的第一名，得票数远超过沃尔玛。

为什么在众多超市中，消费者会选择阿尔迪，连沃尔玛都被打败了？

赋予阿尔迪全球竞争优势的诀窍是：低价。它的商品售价比沃尔玛低15% ~25%，比一般超市低35% ~40%。阿尔迪凭借“简单至上”的高效运营体系，尽一切可能降低成本、提高效率，从而实现利润最大化。

在竞争对手看来，阿尔迪的商品种类被简化到了极限，少得不能再少。通常，沃尔玛一家店里有近1.5万种货品，家乐福也有近1.2万种货品，而一家标准的阿尔迪超市只有不超过700种的商品。①

销售大数据显示：阿尔迪的商品越少，反而越能降低成本，且能确保零售额的提升。

这逐渐发展成了阿尔迪的核心竞争优势：严控商品数量，每个品类的商品只提供一个品牌，确保每个商品都是爆款。

零售商想做“小而精”“小而美”定位，并不是想象中的那么容易，需要“小火慢慢地炖”，我们其实还有很多地方的火候不够，但因为具备了这样的理念，在逆势中才能求发展。

丽尚手工堡“堡主”张馨月与“梵草”品牌创始人宋池都是云南手工皂行业内的先锋人物，他们经营的是“小而美”的专卖店。

---

① 《阿尔迪：这家超市凭什么颠覆传统，打败沃尔玛》，赢商网，2016年2月16日。

此二人对“小而美”的解读颇有深度：

第一，“小而美”门槛并不低，“要做小而美，你得先会审美！这是对所有细节的完善和把握能力”。

第二，“小而美”，关键在“美”。张馨月说：“现在很多人做的就是小，没有美。不能做出自己独特的产品特色和品牌气质，那就是不美。”而宋池则表示：“我觉得做小而美的东西，人本身要有一定的美学修养。”

爆品路径五：通过业态跨界混搭，提供独特体验

2014年8月20日，《人民日报》著名评论栏目“今日谈”一篇署名为马利的文章指出，“一个行业面临变革的时候，也往往是最能触动反思的时候。如果不自我革新，就可能被推向边缘，我们不敢跨界，就有人敢跨过来‘打劫’。互联网时代，一切变化都有可能。”

未来，酒吧还只是酒吧么？

咖啡厅还只是用来喝咖啡的么？

酒店就只能用来睡觉么？

美容店就靠坐等顾客上门吗？

银行等待的区域可不可以变成新兴书店？

如果你还是用传统思路做传统实体店，恐怕你的机会已经不多了。

细心观察的人已经发现，传统的线下零售店开始“变脸”了：超市不再像卖场，商品陈列开始注重体验感，还多了婴童中心、名酒中心、家庭厨房及轻餐饮等跨界场景；咖啡馆再也不是以往的老样子，成了创业孵化器；服装店里可以喝咖啡，享用小吃；银行大厅等待办理业务时也不再无聊，你可以喝咖啡打发时间……

我们看到——

优衣库引入了星巴克。在美国纽约的优衣库门店，顾客可以把玩店家准备的iPad，还能美美地喝上一杯星巴克的咖啡。

招商银行则开启了“咖啡银行”。在位于北京的第一家“咖啡银行”中，红色的招行标识和棕色的“咖啡陪你”标识各占一半，客户办理业务

之暇，还可以喝咖啡。

永辉超市则牵手地产企业，为消费者提供全方位的跨界服务。顾客凭借购物小票，可到合作的地产公司兑换同等金额的购房优惠券。

前面我们提及的各种生活体验店，其实也是跨界经营的一种形式。

我对跨界的理解是：某个消费群体总需要大致相通而品类不同的各种延伸性物品、服务，将它们聚集整合起来，就能实现关联销售。

跨界并非灵丹妙药，一跨就灵，总体来讲，线下零售的跨界应当具备如下基础（见图 10－3）：

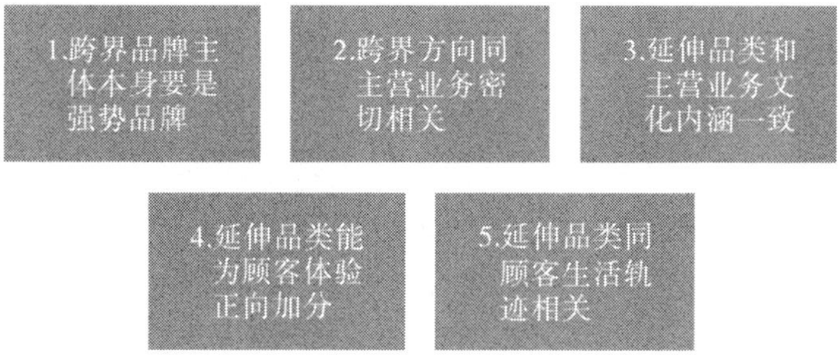

图 10－3　小而美零售跨界的五个前提

小而美零售做跨界融合时，要注意规避以下风险（见图 10－4）：

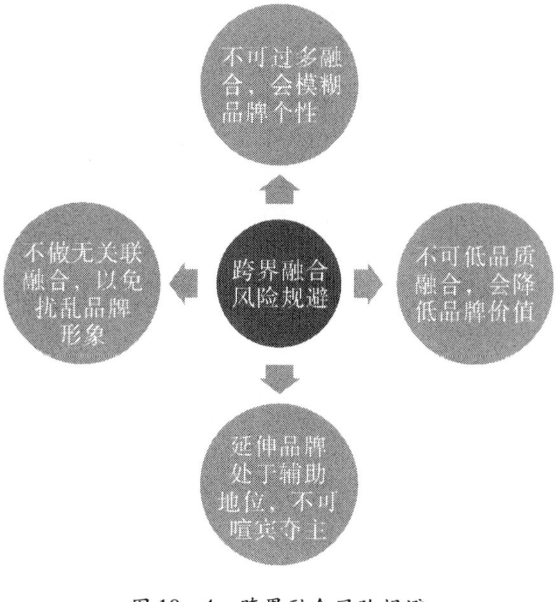

图 10－4　跨界融合风险规避

爆品路径六：练就让消费者流连忘返的“诱因”

“好的商场一定能让顾客发出‘啊’的惊叹！”

这是伊藤洋华堂中国区总代表三枝富博的观点。

然而在品牌同质化和电商的双重冲击下，实体商业要想让顾客发出单音节的“啊”，甚至让顾客流连忘返，绝对不是一件简单容易的事。

除去商品、服务本身的新奇体验感，如今店铺氛围、店员的个性化贴心服务、读懂顾客需求等因素，都能让顾客流连忘返，而这些元素背后蕴藏着实体店铺的新机会。

1. 营造独特的店铺气质

店铺气质，是由店铺装潢、店铺氛围营造出来的，通过精心设计，可以为顾客创造出一个亲切、和谐、详明、舒适的消费环境。

店铺氛围和气质的打造，要考虑“适时、适品、适所、适人”等要求（见图 10－5）。

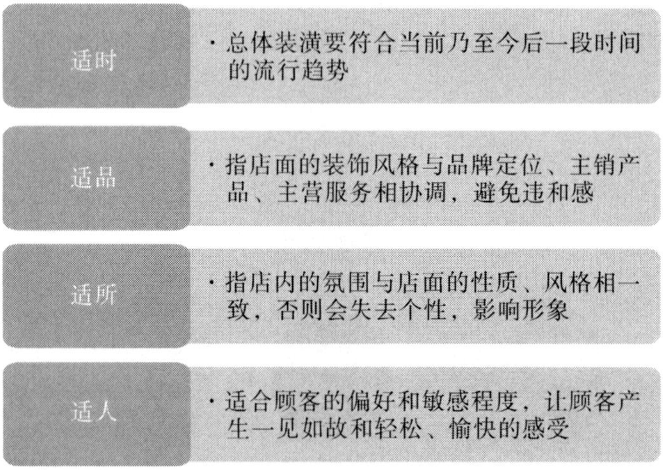

图 10－5　店铺氛围营造的“四适”原则

2. 读懂顾客需求

伊藤洋华堂刚刚入驻成都时，为了解中国顾客的需求，三枝富博和下属专门去市民家里看过他们的冰箱和柜子，甚至下手去翻看过他们的垃圾。开店后，伊藤洋华堂有了更直接的方式，他们会直接询问顾客的不满之处，收集顾客之声，根据他们对停车场、商品、服务的反映迅速做出调整，改善顾客体验。

一名伊藤洋华堂员工这样说："很多顾客也说不清到底喜欢伊藤哪里，反正就是喜欢。"其实，顾客喜欢的是伊藤洋华堂真的"懂"他们。

伊藤洋华堂为了满足顾客的个性化需求，对顾客的消费类型进行了划分（见图 10－6）。

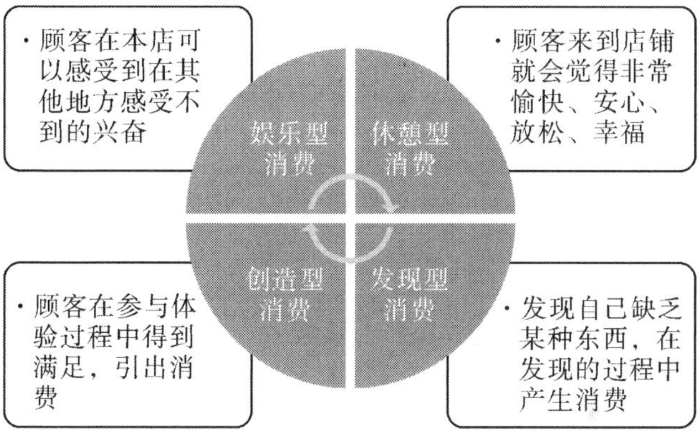

图 10－6　顾客消费的四种类型

当然，所处行业不同，顾客的需求也不同。

比如，有一家餐饮店，是这样解读顾客的——

"顾客是我们的'衣食父母'，是我们的财神。餐饮业的顾客往往具有某些领导的特征，喜欢使唤别人，从一定意义上讲，顾客到餐厅就餐，其实是来过'领导瘾'的。因此，在餐饮服务中，我们必须像对待领导一样对待顾客。"

只要用心，就一定能读懂顾客。

3. 给顾客创造惊喜

培训专家余世维讲过这样一个案例：

顾客于先生去泰国出差，入住了东方饭店，饭店的贴心服务给他留下了深刻印象。当他第2次入住时，饭店在服务上的几个细节更让他流连忘返。

当他走出房门准备去餐厅的时候，服务生恭敬地问道："于先生，您是要用早餐吗?"

于先生很奇怪："你怎么知道我的姓?"

服务生说："我们饭店有规定，晚上要背熟所有客人的姓名。"

于先生很惊讶，心情舒畅地来到餐厅，餐厅迎宾服务生立马说："于先生，里面请。"

看到于先生疑惑的样子，服务生解释说："客房服务员打电话说您已经下楼了。"

他走进餐厅，服务小姐微笑着问："于先生还要老位置吗?"

于先生的惊讶再度升级。

服务小姐说："我刚查过电脑记录，您在去年的6月8日在靠近第2个窗口的位子上用过早餐。"

于先生听了很兴奋："老位子！老位子!"

服务小姐接着问："老菜单? 1个三明治，1杯咖啡，1个鸡蛋?"

于先生兴奋到了极点："老菜单！就要老菜单!"

后来由于工作繁忙，于先生没再去过东方饭店。3年后，他生日的时候突然收到了一封来自东方饭店的贺卡："亲爱的于先生，您已经有3年没有来我们这儿了，我们全体人员都非常想念您，希望能再次见到您。今天是您的生日，祝您生日快乐!"

于先生激动得热泪盈眶，发誓要说服所有亲友，如果去泰国一定要去住令他终生难忘的东方饭店。

能将服务做到如此用心、如此体贴入微的程度，顾客自然会流连忘返，也会主动将商家的良好口碑传播出去。

4. 同顾客的喜好、情感结合起来

如果线下零售经营者，将店铺的经营元素和顾客的爱好巧妙结合起来，比如提供让顾客喜欢的图书、音乐、手工等，让顾客陶醉其中，难以自拔，自然能够让顾客喜欢上小店，流连忘返。

同样的链接，还有情感，如果店铺提供的产品或服务能在顾客的情感经历中留下印记，那么显然会给他们的人生经历留下浓重的一笔，会给他们留下最美的回忆和深深的好感。比如，顾客和初恋情人的第一次购物或第一次用餐等就在本店中，并让他们记忆犹新。

新零售爆品思维：爆品进化路径

◎新零售时代，线上线下趋于融合。

新零售仍然是零售，其本质和基本逻辑并未改变，改变的只是各种外在形式（商业模式）和手段（技术、服务手段）。

◎自我升维：爆品进化路径。

爆品路径一：品质为王，用心打磨产品、服务。无论是经营何种形式的小而美零售，都需要这样一种姿态：精进产品、精进服务、精进自己，以一颗匠心来打磨自己的事业，打磨自己的心和生命。

爆品路径二：服务至上，设身处地为顾客着想。服务主导型小而美零售的爆品思维，体现在用心上——一颗设身处地为顾客着想之心。

爆品路径三：通过增值服务为消费者创造更多价值。

爆品路径四：通过“更少、更准、更好”来挑战“更多”。小而美零售进入的是一道窄门，小即是大，美即是好。更小、更美，意味着更专业、更迅速、更精确、更快捷、更细致、更耐心、更贴心……也更容易满足消费者需求。

案例：阿尔迪的核心竞争优势——严控商品数量，每个品类的商品只提供一个品牌，确保每个商品都是爆款。

爆品路径五：通过业态跨界混搭，提供独特体验。如果不自我革新，就可能被推向边缘，我们不敢跨界，就有人敢跨过来“打劫”。

爆品路径六：练就让消费者流连忘返的“诱因”。好的商家一定能让顾客发出“啊”的惊叹！

附录

本书联合发起人名单

廖宁霞

熹亚医疗美容　总经理

微信：ruitamama；手机：18502893177

张静

广州宏鼎生物科技有限公司　总经理

微信：zj18820109771；手机：18820109771

陈菲菲

广州锦盛生物科技有限公司　董事长

微信（手机）：15602208868

邵珠海

山东金润德新材料科技股份有限公司　招商部总监

微信（手机）：18505330044

李洁

贵州枸酱酒业有限公司　总经理

微信：nuoyi714342；手机：18798037642

姜小英

湖南王淖沩商贸有限公司　董事长

微信：ym13677434652；手机：13677434652

王若晰

广州 LP 艾奥比生物科技有限公司　董事长

微信（手机）：13672702888

蓝山

金汉芳（中国）生物科技有限公司　总经理

微信：Lan14191613；手机：13193391313

陈亚洲

台湾一条根生物科技有限公司　董事长

微信（手机）：13850720033

张湛培

广州爽游网络科技有限公司　董事长

微信：78974088；手机：13600000755

曾媛

佛山悦创科技有限公司　总经理

微信：yuan37354301；手机：18677705220

杨玉洁

山西千千香食品有限公司　创始人

微信（手机）：13753918555

伍飞舞

深圳珠玑慧时尚互联网科技有限公司　董事长

微信：WFW_5f5；手机：13823390897

刘德峰

南京康芽健康管理有限公司　董事长

微信：ldf_677；手机：15062257776

陈玥丹

东莞定妆红颜美业连锁公司　董事长

微信（手机）：18688684688

慕林

北京日夜护肤　老板

微信：Mu8mingyi；手机：18910880788

劳锶淇

锶淇（香港）国际集团有限公司　老板

微信：NUSKIN－MOUSE；手机：18998469186

李颖

沈阳春城公司　董事长

微信（手机）：18698845128

吕鑫波

上海翎秀文化传播　总经理

微信（手机）：18859287113

张独

湖南禾香麦田餐饮　股东

微信：Zhangdu888；手机：18676628171

罗艺杰

湖南长沙日进公司　董事长

微信（手机）：15084784788

敬丹

广州瑧善电子商务　董事长

微信：JD131469；手机：13826041319

刘桂福

广州天技通讯科技有限公司　董事长

微信（手机）：15800002823

胡国红

广州可可经典文化传播有限公司　董事长

微信（手机）：18520741202

周政

广州淘贝科技　教育部总监

微信：zz13430382749；手机：13073036477

叶发富

绿叶集团　一星董事

微信（手机）：13073036477

伍新龙

乐视力　董事长

微信（手机）：13922466672

程越云

深圳美丽人生色彩形象设计有限公司　总经理

微信（手机）：13533995501

刘璐

星丝璐美容美发连锁　董事长

微信：liulu8661；手机：13924038626

许滨

北京合真优品科技发展有限公司　总裁

微信（手机）：18910170288

大白

上海舞扬企划　培训师

微信（手机）：18516066626

谢林宏

广州微聚宝网络技术有限公司　CEO

微信：F20649；手机：15920580599

邵宇清

广州兰姿国际美业平台　董事长

微信（手机）：13751524462

李诚

广州千家万户广告传媒有限公司　创始人

微信（手机）：13751524462

陈亮明

东莞活力保生物科技有限公司　董事长

微信（手机）：15012502363

青浩

深圳点博数据技术有限公司　创始人

微信：dbv000001；手机：18617076567

张莹

广东东信名车汇　董事长

微信（手机）：15217212121

陈明军

广州市添壹生物科技有限公司　董事长

微信（手机）：13826900290

魏玉林

礼品公司　董事长

微信（手机）：15602967616

林惠庭

小程序开发商　董事长

微信（手机）：13903054035

林安朗

桃宇医药科技　董事长

微信：senlinlangdui

优娜

兰姬微整培训　创始人

微信（手机）：15878788579

张砾

张砾生物技术　董事长

微信：A18638915007；手机：18638915007

廖振翔

“片仔癀”微商品牌　首席运营官

微信（手机）：13159068785

蒋凤林

广东青春日记贸易有限公司　联合创始人

微信（手机）：18138248889

耿桂军

立多暖茶　董事长

微信：wxid_luvn46195bg921

许建军

奥魅丽生物科技有限公司　创始人

微信：x58158u；手机：13866664004

赖蓝天

深圳行行通商贸　董事长

微信：lyb2010666666；手机：18677557186

王研

安徽优之颜化妆品　董事长

微信：OL0563；手机：18605634062

史东双

深圳壹号美都医疗机构　董事长

微信：kafei148031；手机：13603020658

陈锋

浙江新豪德控股有限公司董事长，宁波甬仙酿造工艺博物馆馆长，宁波易实电子商务有限公司董事长，甬仙酒、甬仙红曲醋创始人

微信：jcf13336670606；手机：15088839999

丁荔荔

安美拉国际集团有限公司　董事长

微信（手机）：13566966666